Jeune Découvreur

TEMPS et CLIMAT

Andrew Haslam et Barbara Taylor

Les Editions du
Carrousel

Loi n° 49-956 du 16 juillet 1949 sur les publications destinées à la jeunesse.

ISBN : 2-7456-0256-X

Texte : Barbara Taylor
Consultant : Tim Davie, BSc, PhD
Rédacteur : Robert Sved
Direction artistique : Carole Orbell, Andrew Haslam
Dessinateur : Gareth Dobson
Coordination éditoriale : Christine Morley
Fabrication : Leila Peerun
Photographe : John Englefield
Iconographie : Lyndsey Price, Dipika Parmar Jenkins
Modèles réduits : Melanie Williams, Peter Griffiths
Traduction : Jean-Philippe Riby
Photocomposition : Nord Compo
Imprimé et relié en Chine

Collection conçue en collaboration avec Franklin Watts, Londres

Crédits photographiques :
Tony Stone Worldwide : p. 4 (haut, droite) ; Still Pictures : p. 5 (haut, droite) ; NASA : p. 8 (haut, droite) ; Zentrale Farbbild Agentur GmbH : p. 15 (haut, gauche) ; Doug Scott / Chris Bonington Library : p. 19 (haut, gauche) ; Leonard Lee Rue / Science Photo Library : p. 28 (haut, droite) ; Warren Faidley / Oxford Scientific Films : p. 32 (haut, droite) ; E.R. Degginger / Oxford Scientific Films : p. 34 (haut, droite) ; B. Harris / Zentrale Farbbild Agentur GmbH : p. 41 (haut, gauche) ; Still Pictures : p. 41 (haut, droite) ; Jules Cowan / Bruce Coleman Limited : p. 42 (haut, droite) ; M. Nimmo / FLPA : p. 44 (haut, gauche) ; Steve C. Kaufman / Bruce Coleman Limited : p. 45 (haut, droite).

Cartes :
© The Meteorological Office : p. 4 (bas, gauche) ; © Scan-globe A/S edn. 1991 : p. 13 (bas).

Sommaire

La météorologie

La météorologie nous aide à comprendre le passé de la Terre, ses changements actuels et son évolution possible dans le futur. L'étude du temps qu'il fait est essentielle en géographie. C'est le travail des **météorologistes,** aussi appelés météorologues, qui étudient toutes les composantes du temps, comme le vent, la pluie, la nébulosité ou l'ensoleillement, en observant les changements qui se produisent dans l'**atmosphère,** la couche gazeuse entourant la Terre.

△ *Les conditions climatiques peuvent avoir une incidence sur l'habitat. Ces maisons de Singapour sont construites sur pilotis afin de protéger les habitants des inondations à la suite des pluies.*

L'homme et le temps

Dès l'origine, la vie de l'homme a été conditionnée par le temps qu'il fait. Des besoins élémentaires tels que la recherche de nourriture ou d'un abri ont toujours été liés aux conditions climatiques d'un lieu. De nos jours, le temps conserve une grande influence sur notre mode de vie, notre façon de nous vêtir, notre habitat, notre alimentation ou même nos modes de transport et de communication.

◁ *Les météorologistes utilisent ce genre de carte pour leurs prévisions. Un appareil photo, un* ***thermomètre*** *et un carnet te permettront de garder trace des mesures et des observations que tu auras faites.*

Les prévisions à travers les âges

Les personnes capables de prévoir le temps ont toujours eu quelque importance aux yeux de la société. Au Moyen Âge, les prévisions météorologiques se fondaient sur la position des astres. Aujourd'hui, les météorologistes font appel aux nouvelles technologies : **satellites** et ordinateurs ultra-puissants, mais quelques mesures simples et l'observation des nuages permettent déjà à chacun de faire des prévisions.

Jeune Découvreur
La démarche d'un Jeune Découvreur en géographie repose sur des expériences qui te montreront comment les phénomènes géographiques agissent sur notre planète. La découverte des maquettes et des manipulations, expliquées pas à pas, te feront mieux comprendre la météorologie.

Comment utiliser ce livre
Les géographes doivent étudier de nombreux domaines. Dans ce livre, nous avons utilisé des symboles particuliers pour préciser le contenu de certains paragraphes :

- mesures et prévisions
- relief
- précipitations
- température
- air et vent

▷ *Les satellites météorologiques nous fournissent des images très claires des mouvements de la couche nuageuse au-dessus de la surface de la Terre.*

Mesure de l'atmosphère
L'acquisition d'instruments météorologiques peut être coûteuse. Ce livre te montrera comment réaliser des appareils simples te permettant de détecter et de mesurer les changements de temps.

▽ *Les maquettes présentées dans ce livre ont des flèches de couleurs différentes qui indiquent la circulation de l'air, de l'eau et de la chaleur dans les phénomènes météorologiques.*

⚠ La sécurité d'abord
Pour certaines expériences de ce livre, tu devras utiliser des objets pointus ou coupants. Demande à un adulte de t'aider. Le symbole ci-dessus te le rappellera. Certaines des mesures atmosphériques seront effectuées à l'extérieur. Prends garde à la pluie, au vent, au froid ou à la tempête.

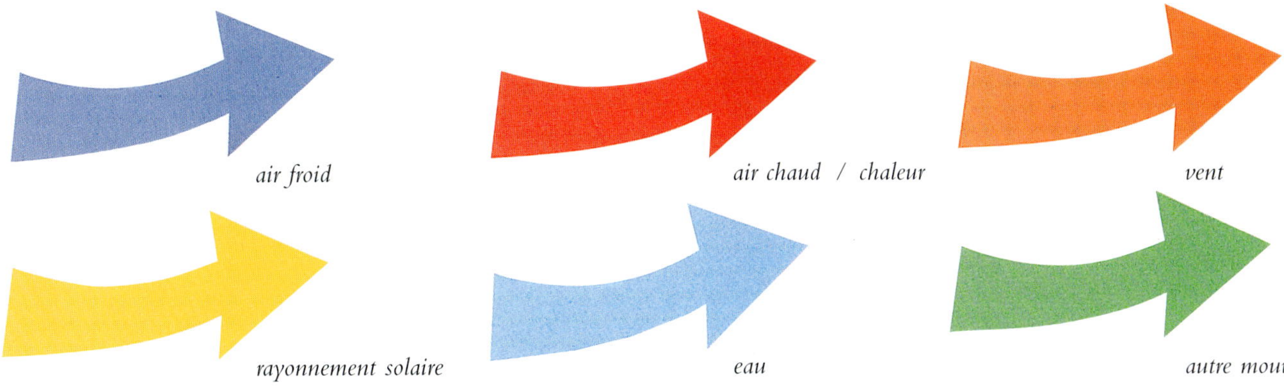

Le temps dans le monde

Dans le monde, le temps varie d'un endroit à l'autre. Sous certaines latitudes, il fait toujours chaud, ailleurs il gèle. Certaines régions connaissent de violentes tempêtes, d'autres ont un temps doux et calme. Lorsque nous demandons quel temps il va faire, nous voulons généralement savoir s'il va pleuvoir (**précipitations**) et s'il va faire froid ou chaud (**température**).

▷ *Cette carte indique les précipitations annuelles et les amplitudes thermiques de différentes villes dans le monde. Elle signale également les lieux de passage des cyclones et des tornades.*

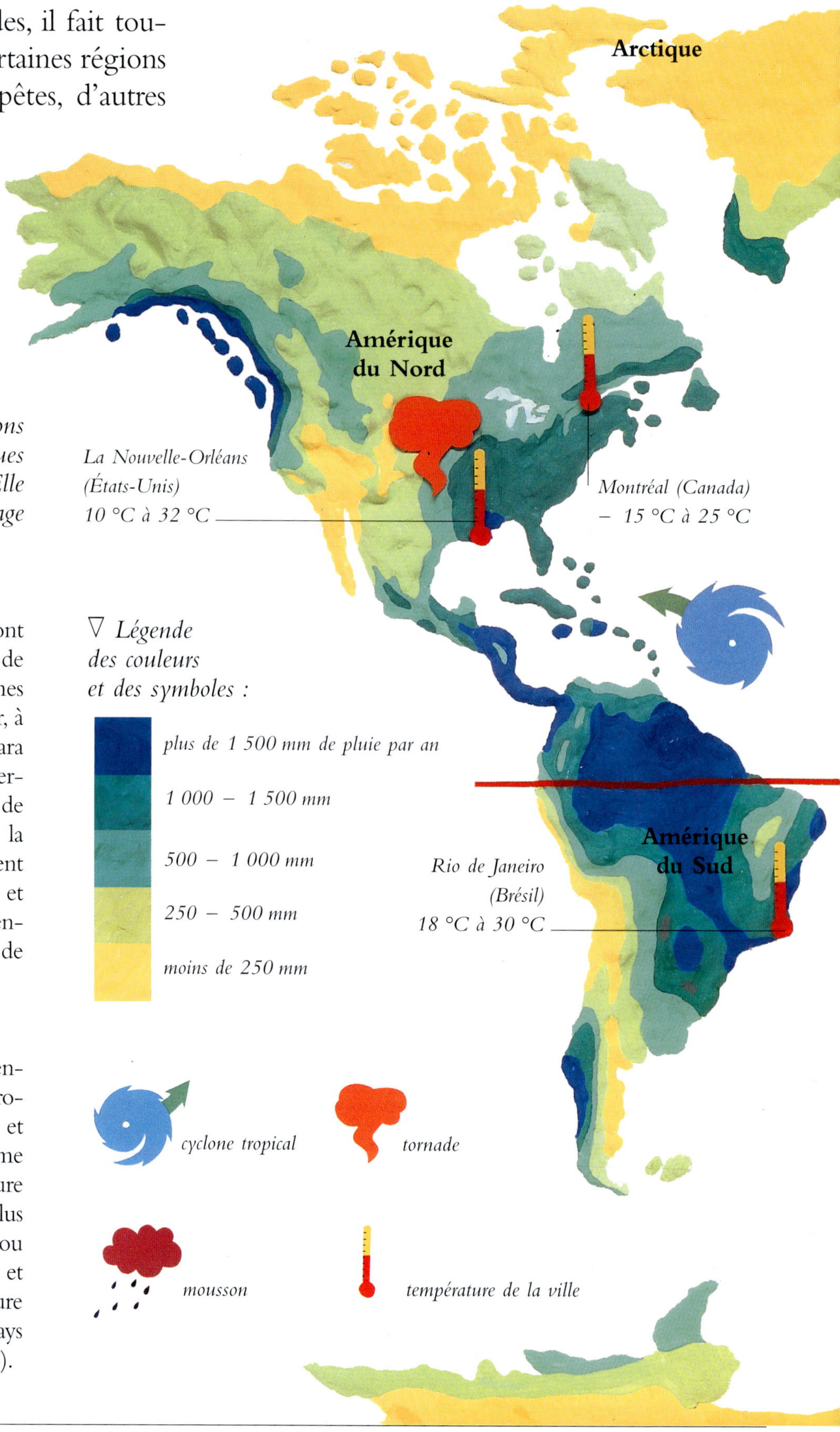

Précipitations

Les précipitations les plus fortes sont observées près de l'**équateur,** avec plus de 2 000 mm de pluie par an. Les zones situées au nord et au sud de l'équateur, à la hauteur des tropiques, comme le Sahara ou le centre de l'Australie sont désertiques. Les régions plus éloignées de l'équateur, telles que l'Europe ou la majeure partie des États-Unis, reçoivent des pluies abondantes. Dans l'Arctique et l'Antarctique, la pluie est rare et se rencontre essentiellement sous forme de neige.

Température

Les températures les plus élevées se rencontrent à l'équateur et décroissent progressivement jusque dans l'Arctique et l'Antarctique. Certaines régions, comme celle de Singapour, ont une température égale toute l'année. D'autres lieux plus éloignés de l'équateur, comme Paris ou Montréal, connaissent des étés chauds et des hivers froids. La température se mesure en degrés Celsius (°C) ou, dans les pays anglo-saxons, en degrés Fahrenheit (°F).

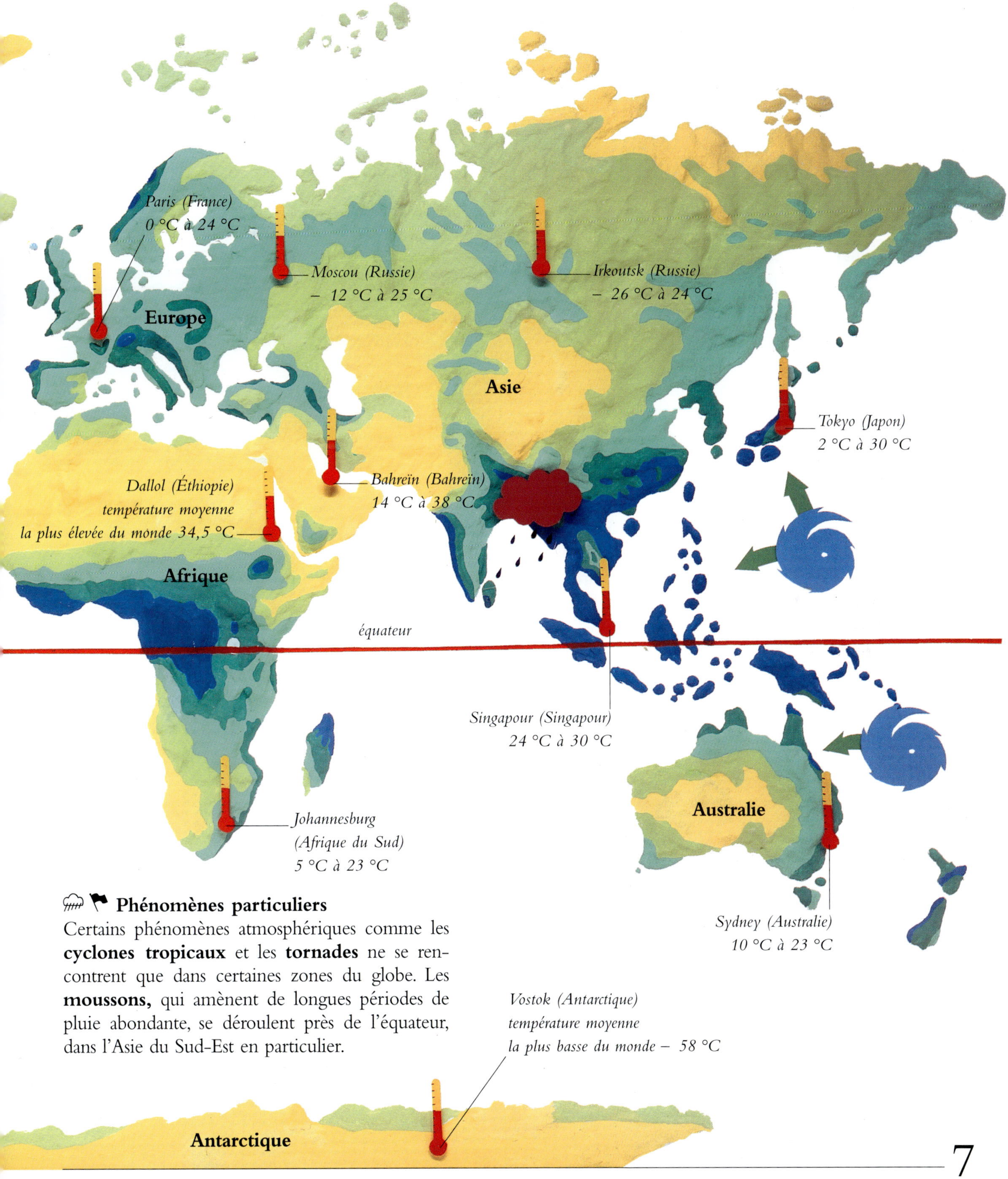

Phénomènes particuliers

Certains phénomènes atmosphériques comme les **cyclones tropicaux** et les **tornades** ne se rencontrent que dans certaines zones du globe. Les **moussons,** qui amènent de longues périodes de pluie abondante, se déroulent près de l'équateur, dans l'Asie du Sud-Est en particulier.

L'atmosphère

La Terre est enveloppée d'une couche d'air, l'atmosphère, qui est le mélange de gaz que nous respirons. L'atmosphère est dense près de la surface de la Terre, où il est facile de respirer, puis se raréfie à mesure qu'on s'élève. Vers 900 km d'altitude, il n'y a plus d'air, seulement l'espace. Les phénomènes météorologiques se manifestent dans la partie inférieure de l'atmosphère.

△ *Vue de l'espace, l'atmosphère ressemble à une fine couche brillante et bleutée enveloppant la Terre.*

Un mélange gazeux

L'atmosphère est constituée de nombreux gaz. L'azote représente plus des trois quarts de l'atmosphère et l'oxygène, qui permet aux êtres vivants de rester en vie, environ un cinquième. D'autres gaz protègent des effets nocifs du rayonnement solaire et certains empêchent la déperdition de chaleur de la Terre, la nuit.

Les couches de l'atmosphère

L'atmosphère se répartit en cinq couches en fonction des variations de température. Il n'existe pas de limite entre les différentes couches : on passe insensiblement de l'une à l'autre. Les phénomènes météorologiques se manifestent dans la couche inférieure, la **troposphère,** qui contient l'eau constituant les nuages.

ESSAI DE LA COMPOSITION DE L'ATMOSPHÈRE ⚠

Ce qu'il te faut : de la Plastiline (pâte à modeler), une bougie, des allumettes, une assiette creuse, un grand verre droit et de l'eau colorée.

1 Avec une boule de pâte à modeler, fais tenir la bougie au centre de l'assiette. Remplis l'assiette d'eau colorée, comme ci-dessus, et allume la bougie.

2 Avec l'aide d'un adulte, pose le verre renversé sur la bougie pour que l'air ne puisse plus rentrer.

Résultat : Comme le feu a besoin d'oxygène pour la combustion, la flamme s'éteindra quand il n'y en aura plus. L'eau montera au cinquième de la hauteur du verre en remplaçant l'oxygène. Cet essai montre que l'atmosphère est composée pour un cinquième d'oxygène.

La basse atmosphère

La troposphère s'étend jusqu'à 8 ou 17 km d'altitude. La couche supérieure suivante est la stratosphère. Les avions supersoniques volent dans cette partie calme de l'atmosphère car ils sont au-dessus des perturbations météorologiques. La stratosphère comprend une couche de gaz appelée **ozone,** qui empêche le passage de la plupart des rayons nocifs du Soleil qui, sans cela, brûleraient notre peau. Dans la mésosphère, la couche moyenne de l'atmosphère, la température descend jusqu'à – 100 °C. C'est la partie la plus froide de l'atmosphère.

La haute atmosphère

Au-dessus de la mésosphère se trouve la thermosphère, la couche la plus chaude. Des températures très élevées brûlent tous les débris : corps solides venus de l'espace (étoiles filantes) ou satellites retombant sur terre, par exemple. Dans cette couche, l'électrisation de particules de rayons solaires donne de vifs éclats lumineux appelés aurores polaires, que l'on peut parfois observer à partir de la Terre. La couche supérieure de l'atmosphère est l'exosphère. Certains satellites sont placés en orbite dans l'exosphère, mais la plupart gravitent dans l'espace.

▽ *Cette maquette montre les cinq couches de l'atmosphère avec les caractéristiques de chacune.*

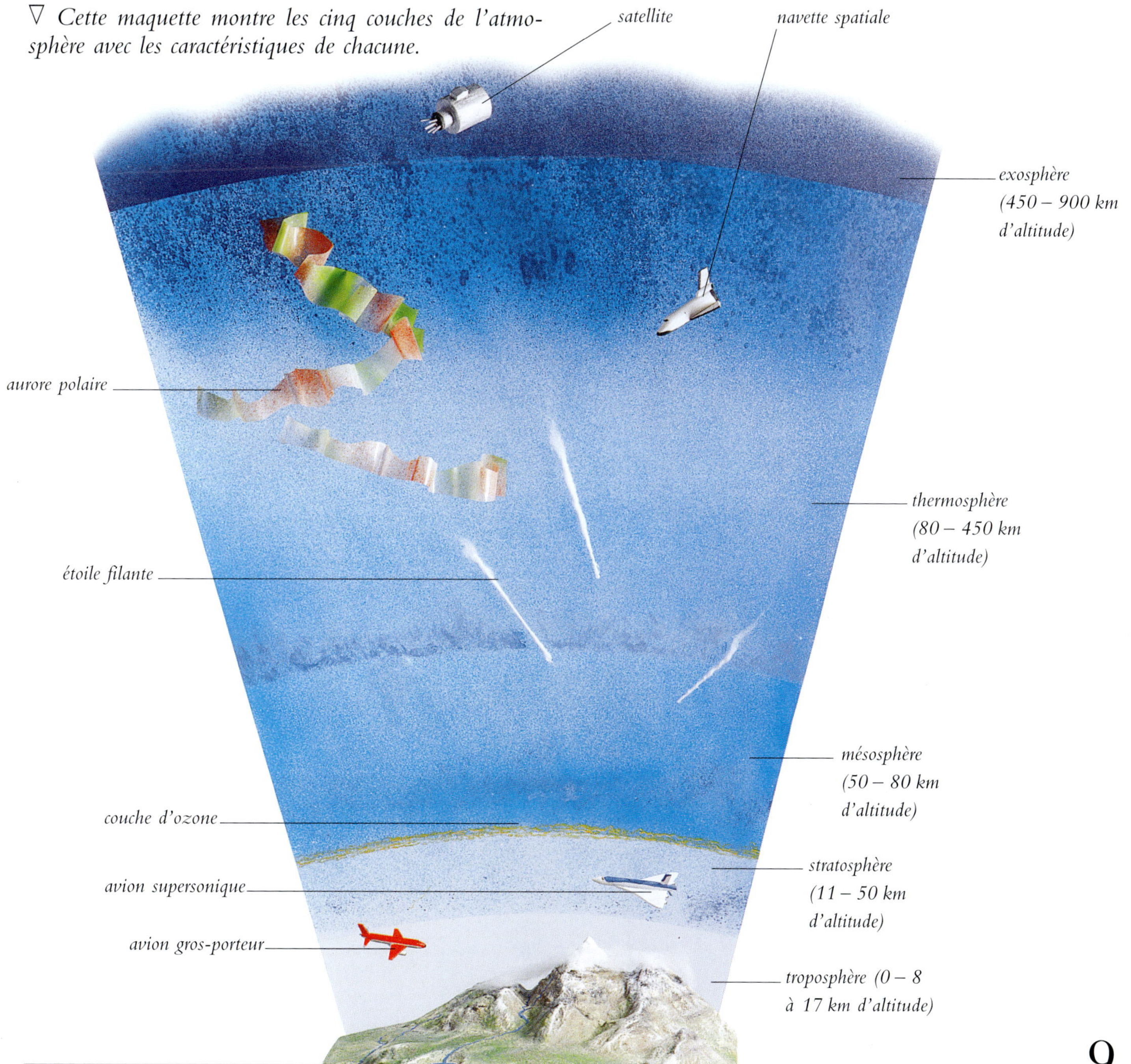

Les agents atmosphériques

Les agents atmosphériques sont au nombre de trois : l'eau, l'air et la chaleur. L'**énergie** solaire met l'atmosphère en mouvement, provoquant un déplacement d'air qui se transforme en vent capable de transporter chaleur et eau à la surface du globe.

L'eau atmosphérique

Quand le Soleil chauffe les océans, les rivières, les lacs et les plantes, l'eau qui s'en évapore est absorbée par l'atmosphère comme par une éponge. L'eau se transforme en un gaz invisible appelé **vapeur d'eau,** en suspension dans l'air. La vapeur d'eau est une faible mais importante composante de l'air. Quand l'air refroidit, la vapeur d'eau revient à l'état liquide sous forme de gouttelettes, constituant ainsi les nuages et la pluie.

Les mouvements de l'air

Quand l'air à la surface de la Terre refroidit ou se réchauffe, il se déplace. L'air chaud est plus léger que l'air froid et s'élève. L'air froid est plus lourd et retombe. Ces mouvements ascendants ou descendants sont à l'origine des vents, des simples brises aux grands flux atmosphériques à l'échelle planétaire.

▽ *Cette maquette met en évidence l'action du Soleil, de la pluie et du vent à la surface de la Terre.*

Le rayonnement solaire

Le Soleil produit de l'énergie sous forme de lumière et de chaleur. Quand cette énergie entre dans l'atmosphère, une partie est absorbée ou dispersée par des gaz. Plus bas, dans la troposphère, les nuages en réfléchissent une proportion importante dans l'espace. Seule près de la moitié de l'énergie solaire qui atteint l'atmosphère se transforme en chaleur à la surface de la Terre.

▷ *Cette maquette montre les pertes énergétiques du rayonnement solaire dans l'atmosphère.*

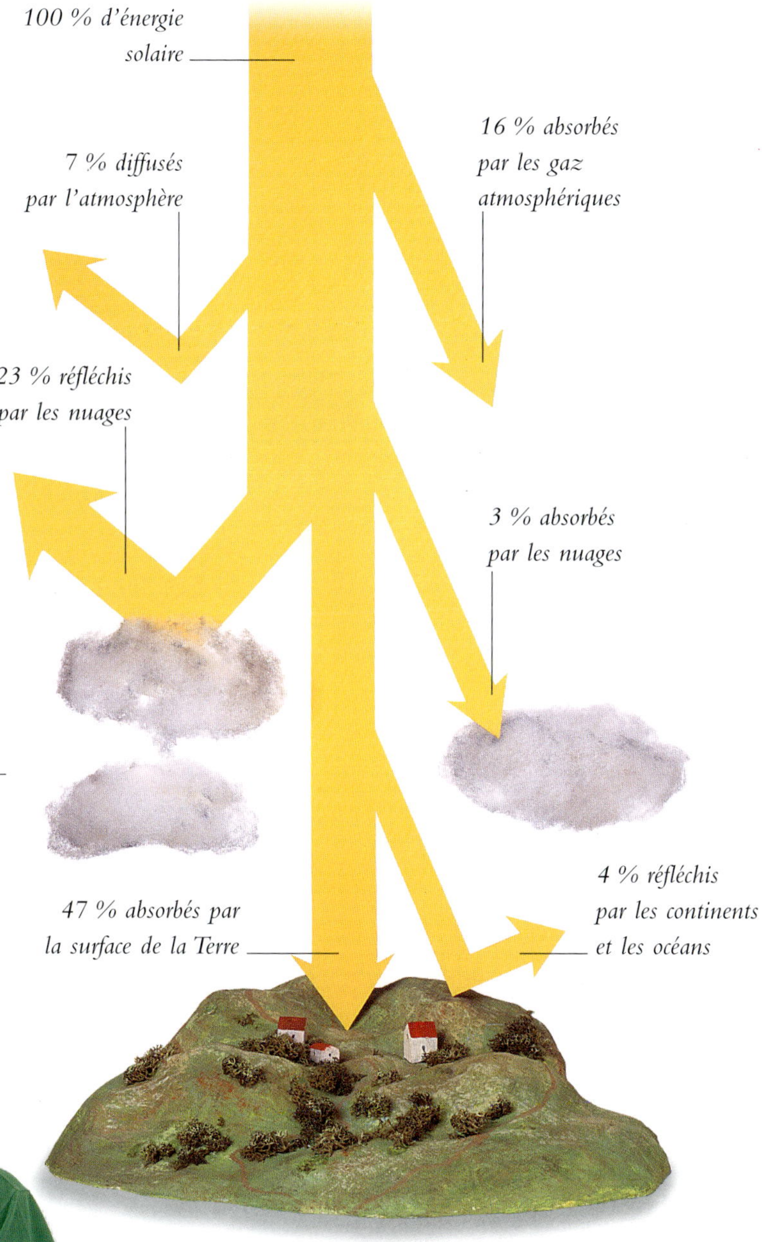

Le réchauffement de l'air

La chaleur solaire ne se transmet pas directement à l'air. Le Soleil chauffe la mer ou le sol et la surface chaude réchauffe alors l'air par en dessous. Un radiomètre permet de mesurer l'intensité énergétique de l'air chaud.

FABRICATION D'UN RADIOMÈTRE

Ce qu'il te faut : un pot de verre avec son couvercle, du carton, du papier d'aluminium, une allumette, du papier noir, du fil de coton, de la colle et du ruban adhésif transparent.

1 Découpe 4 carrés de 2 cm de côté. Recouvre les deux côtés de 2 carrés de papier noir et les deux côtés de 2 carrés de papier d'aluminium.

2 Colle les carrés en croix sur l'allumette, comme indiqué ci-dessus. Les carrés d'aluminium doivent être à angle droit, de même que les carrés noirs.

3 Avec l'adhésif, fixe une extrémité du fil de coton à l'allumette et l'autre extrémité au centre de la partie intérieure du couvercle. Replace le couvercle et assure-toi que la croix de carton peut tourner librement autour de son axe dans le pot.

4 Différents jours, expose ton radiomètre au soleil et note le nombre de tours faits par la croix en une minute.

Résultat : Lorsque le pot chauffe, les carrés noirs chauffent plus vite que les carrés d'aluminium. L'air chaud imprime un mouvement de rotation à la croix. Plus le rayonnement solaire est important, plus la croix tourne vite.

Les climats

Le **climat** est l'ensemble des conditions météorologiques caractéristiques d'un lieu donné. Cet ensemble reste à peu près le même chaque année. Certaines régions connaissent des climats chauds, d'autres des climats froids, d'autres enfin des **climats tempérés.** Le climat dépend principalement de la situation du lieu par rapport à l'équateur. La chaleur est maximale à l'équateur et décroît au fur et à mesure qu'on se rapproche des **pôles.**

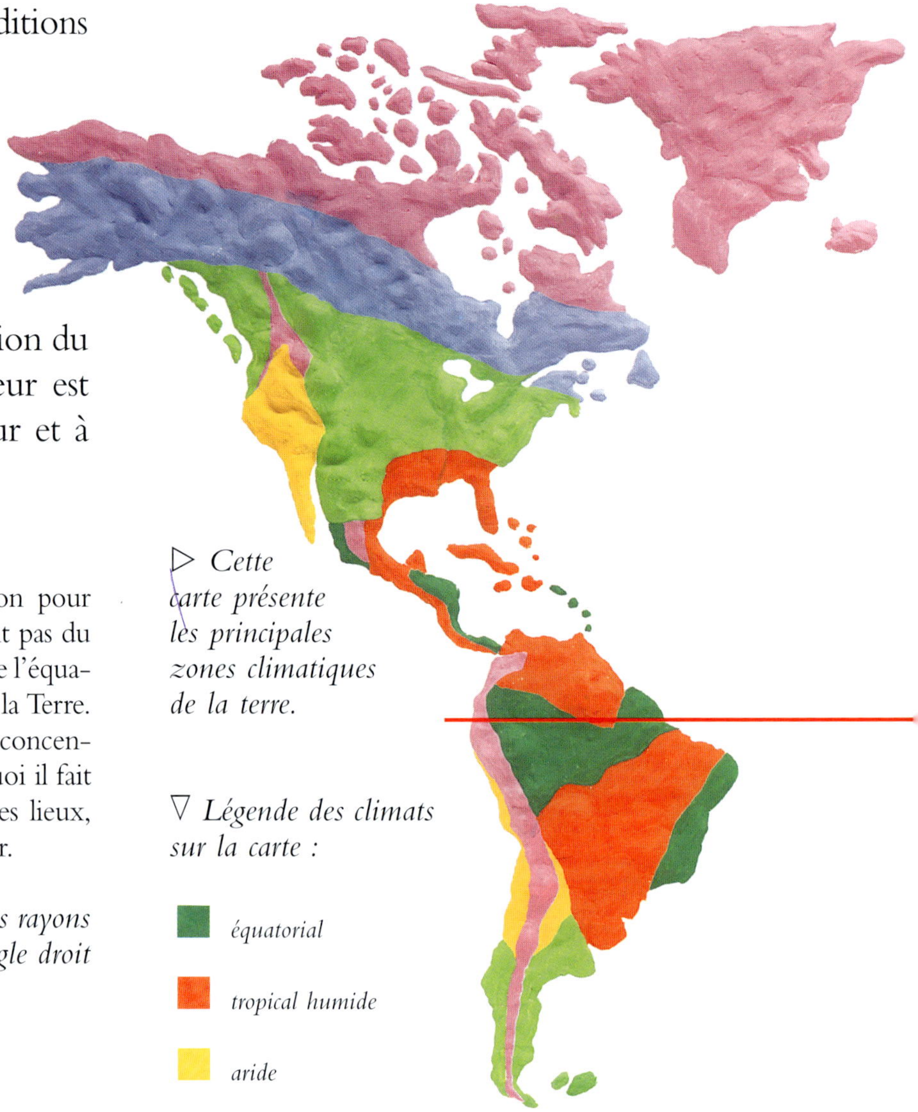

▷ *Cette carte présente les principales zones climatiques de la terre.*

▽ *Légende des climats sur la carte :*

- *équatorial*
- *tropical humide*
- *aride*
- *tempéré chaud*
- *tempéré froid*
- *montagnard ou polaire*

La courbure de la Terre

La surface de la Terre est courbe. C'est la raison pour laquelle les différents points du globe ne reçoivent pas du Soleil une quantité de chaleur identique. Le long de l'équateur, les rayons du Soleil sont perpendiculaires à la Terre. Le Soleil est au zénith à midi et ses rayons sont concentrés sur une faible surface, ce qui explique pourquoi il fait très chaud près de l'équateur. Dans tous les autres lieux, l'angle d'incidence des rayons solaires est inférieur.

▽ *Cette maquette montre l'angle d'incidence des rayons solaires par rapport à la surface de la Terre : angle droit à l'équateur, angle oblique aux pôles.*

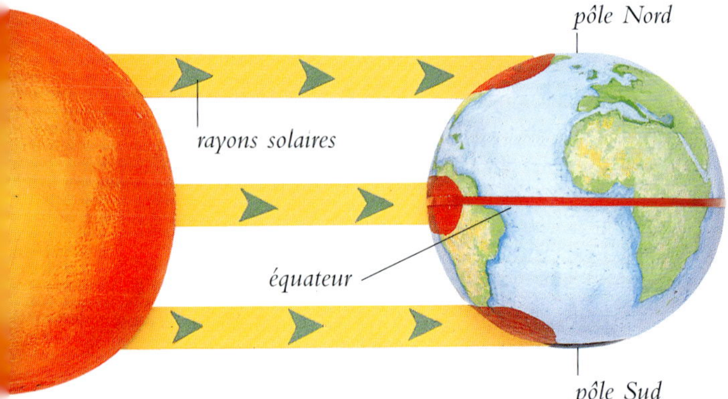

Le froid polaire

Aux pôles, l'angle formé par les rayons du Soleil et la surface de la Terre est le plus faible. La chaleur solaire est répartie sur une plus grande surface, de sorte que le sol ne peut pas se réchauffer rapidement. Le Soleil est toujours bas dans le ciel, même à midi. Les rayons du Soleil doivent parcourir une distance plus importante pour toucher les pôles que l'équateur. Autrement dit, ils perdent davantage de leur intensité car la distance est plus grande.

L'incidence du relief et du littoral

Le climat est également déterminé par l'altitude et la proximité de la mer. Plus un lieu est haut, plus le climat est froid. En montagne, on peut rencontrer différents types de climat entre le pied d'un massif et les sommets enneigés. Le climat d'un site côtier dépend de la température de l'eau de mer près du littoral.

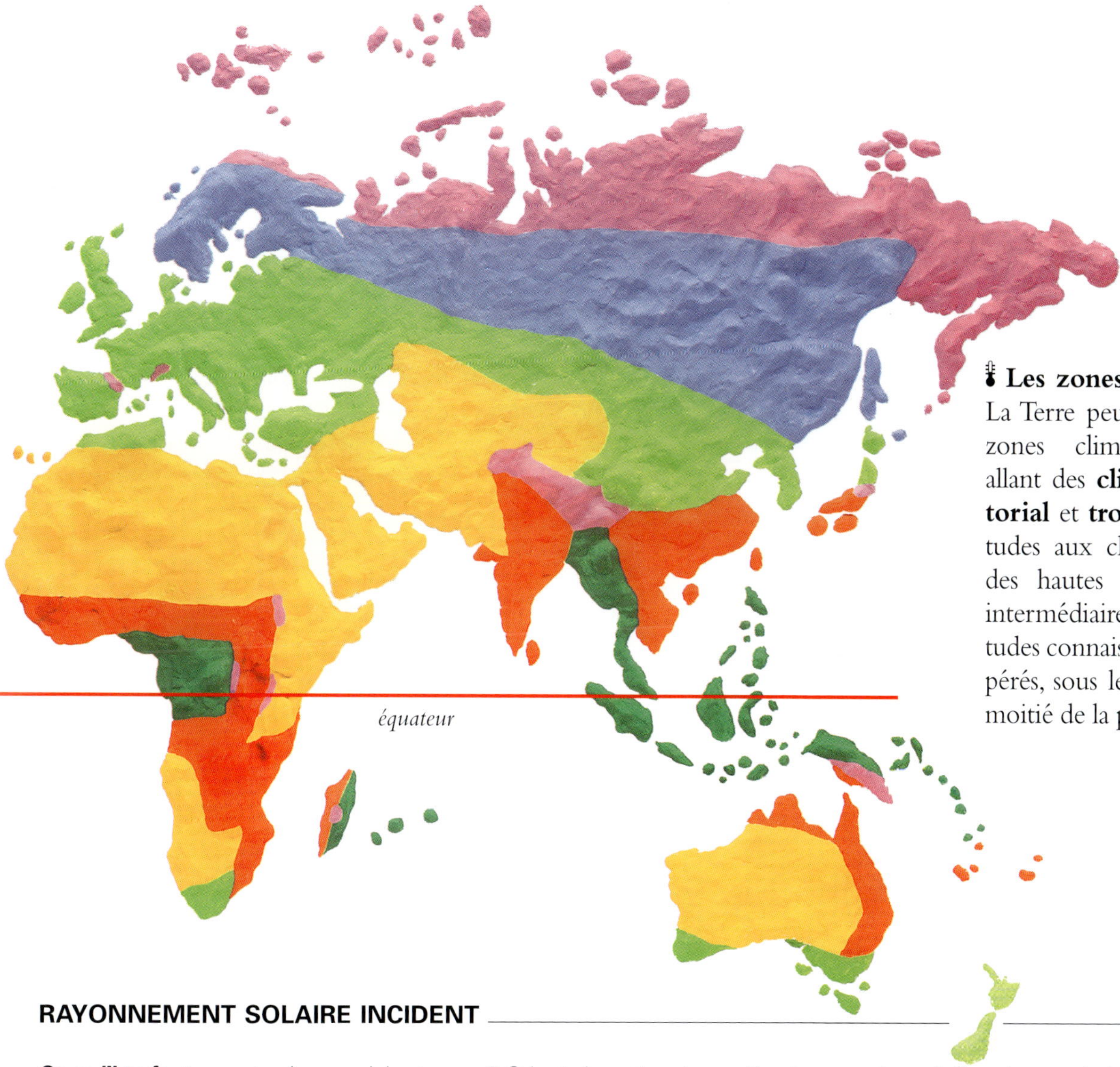

Les zones climatiques
La Terre peut être divisée en six zones climatiques principales, allant des **climats** chauds **équatorial** et **tropical** des basses latitudes aux climats froids polaires des hautes latitudes. Les zones intermédiaires des moyennes latitudes connaissent des climats tempérés, sous lesquels vit près de la moitié de la population mondiale.

RAYONNEMENT SOLAIRE INCIDENT

Ce qu'il te faut : une torche, un globe terrestre, du carton, un crayon à papier, des ciseaux et une grosse pièce de monnaie.

1 Pose la pièce de monnaie sur ton carton. Passe la pointe du crayon autour et découpe le rond.

2 Dirige le faisceau lumineux de ta torche vers le globe, à travers la découpe.

3 Oriente le carton de manière à ce que le faisceau lumineux soit concentré sur l'équateur.

4 Sans bouger la torche, déplace maintenant le carton de manière à ce que le faisceau lumineux éclaire le pôle Nord.

incidence des rayons solaires à l'équateur

incidence des rayons solaires au pôle Nord

Résultat : À l'équateur, la lumière est vive et éclaire une petite zone. Au pôle, la lumière, plus diffuse, éclaire une zone plus étendue.

Les saisons

Dans la plupart des régions du monde, le temps évolue au cours de l'année. Chaque période de l'année caractérisée par des conditions météorologiques et climatiques particulières est une **saison.** Les zones tempérées connaissent quatre saisons : le printemps, l'été, l'automne et l'hiver. Les saisons sont dues à l'inclinaison de l'axe de rotation de la Terre lorsque celle-ci tourne autour du Soleil.

Le chaud et le froid

La Terre effectue un tour complet autour du Soleil en un an. Au cours de cette révolution annuelle, des lieux se retrouvent plus près (saisons chaudes) ou plus loin (saisons froides) du Soleil. Les saisons sont inversées dans l'**hémisphère** Nord et dans l'hémisphère Sud.

Les changements de saison

1. De juin à août, comme indiqué ci-dessous, le pôle Nord est plus près du Soleil que le pôle Sud. C'est l'été dans l'hémisphère Nord et l'hiver dans l'hémisphère Sud.
2. De septembre à novembre, le pôle Nord commence à s'éloigner du Soleil. C'est l'automne dans l'hémisphère Nord et le printemps dans l'hémisphère Sud.
3. De décembre à février, le pôle Sud est plus près du Soleil. C'est l'été dans l'hémisphère Sud et l'hiver dans l'hémisphère Nord.
4. De mars à mai, le pôle Nord commence à se rapprocher du Soleil. C'est le printemps dans l'hémisphère Nord et l'automne dans l'hémisphère Sud.

▽ *Cette maquette montre comment la révolution annuelle de la Terre autour du Soleil engendre les saisons.*

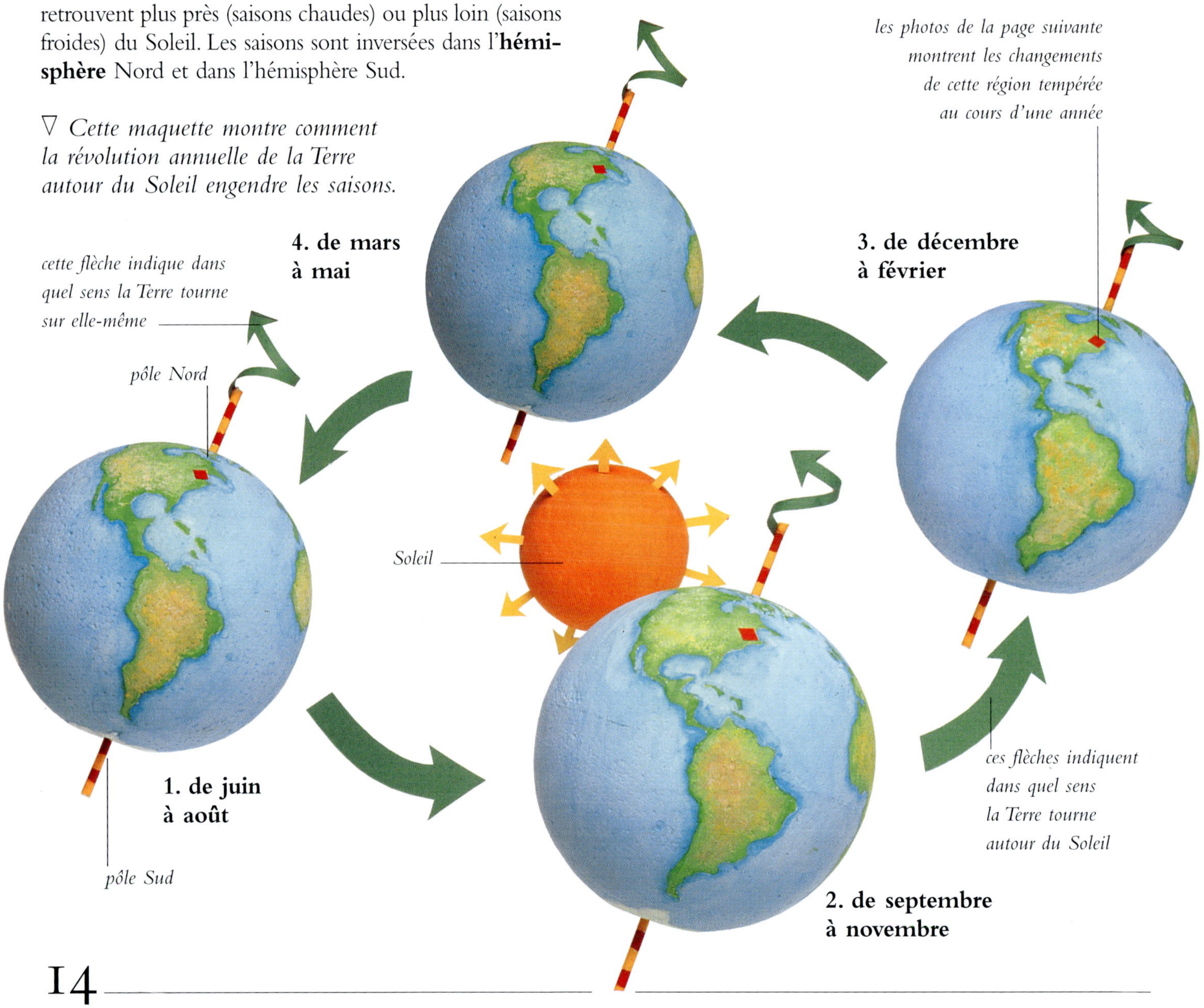

▽ *Succession des saisons dans le Connecticut (États-Unis), indiqué sur la maquette de la page 14 par un carré rouge.*

1 *été*

2 *automne*

3 *hiver*

4 *printemps*

Les saisons aux pôles

Les régions proches des pôles se rapprochent et s'éloignent du Soleil plus que d'autres parties du globe, du fait de l'inclinaison de l'axe de rotation. Elles ne connaissent que deux saisons : six mois d'été (jour polaire) suivis de six mois d'hiver (nuit polaire). Comme le Soleil ne se couche jamais l'été, le jour polaire est appelé « soleil de minuit ».

Les saisons près de l'équateur

Les régions situées près de l'équateur reçoivent perpendiculairement les rayons du Soleil et l'inclinaison de l'axe de rotation de la Terre ne joue pas un grand rôle. Elles connaissent un climat chaud toute l'année, mais certaines sont plus humides que d'autres.

Saison sèche et saison humide

Dans certaines régions tropicales, en Asie du Sud en particulier, il existe une saison sèche et une saison humide. Cette alternance est provoquée par le changement de direction des vents dominants. Pendant la mousson d'été, dans l'hémisphère Nord, les vents soufflent de la mer vers le continent, apportant pluies et inondations. Pendant la mousson d'hiver, dans l'hémisphère Nord, ils soufflent du continent vers la mer, apportant sécheresse et canicule.

OBSERVATION DES SAISONS ⚠

Ce qu'il te faut : une ampoule avec douille et support, une balle bleue en caoutchouc, 2 tiges (de 5 et 10 mm de diamètre), un vilebrequin, un poinçon, de la peinture, 2 carrés de bois et de la colle.

1 Peins les continents sur la balle de caoutchouc. Avec l'aide d'un adulte, perce la balle de part en part aux pôles et introduis la tige de 5 mm de diamètre (axe de rotation de la Terre).

2 Avec l'aide d'un adulte, fore un trou de 10 mm de diamètre dans l'un des deux carrés de bois. Introduis la tige de 10 mm de diamètre dans le trou. Colle la balle (Terre) à la tige en essayant de respecter l'inclinaison de l'axe de rotation.

3 Mets en place la Terre et le Soleil (ampoule).

4 Fais tourner la Terre autour du Soleil et observe la position de la Terre à chaque saison (ci-contre l'hiver et l'été).

été au nord, hiver au sud — *hiver au nord, été au sud*

La température de l'air

La température de l'air ambiant donne une impression de chaud ou de froid. Elle est modifiée par le climat et la saison et dépend du moment de la journée. La succession du jour et de la nuit tient au fait que la Terre effectue une rotation complète autour de son axe en vingt-quatre heures. Ce faisant, elle reçoit des quantités de chaleur différentes aux différents moments de la journée.

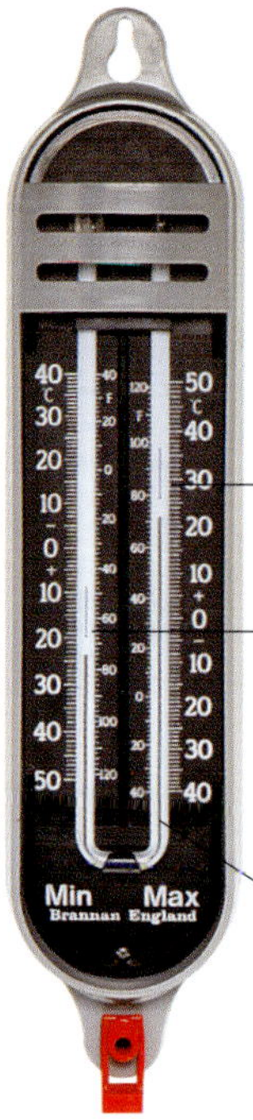

◁ *Les thermomètres de ce type indiquent la température maximale et la température minimale dans un intervalle de temps donné.*

Les thermomètres

Ces instruments sont utilisés pour mesurer la température. Ils sont en général composés d'un long tube renfermant du mercure ou de l'alcool. Ces liquides se dilatent en s'échauffant et se contractent en refroidissant. Lorsque la température s'élève, le liquide monte dans le tube.

FABRICATION D'UN THERMOMÈTRE À EAU

Ce qu'il te faut : une bouteille en verre, de l'eau colorée, un pichet, un bouchon percé, du ruban adhésif de couleur, de la Plastiline (pâte à modeler), une bande de carton, des élastiques, un tuyau en plastique, des feutres, un seau à glace, des glaçons et de la colle.

1 Introduis le tuyau dans le bouchon et obstrue tout interstice avec la pâte à modeler.

2 Fais des traits de division tous les centimètres sur la bande de carton et fixe celle-ci à la bouteille avec les élastiques.

3 Prends le pichet d'eau colorée et remplis la bouteille jusqu'en haut du col. Bouche de manière à ce que l'eau monte jusqu'à moitié de la hauteur du tuyau. Fixe celui-ci avec du ruban adhésif pour achever la fabrication du thermomètre.

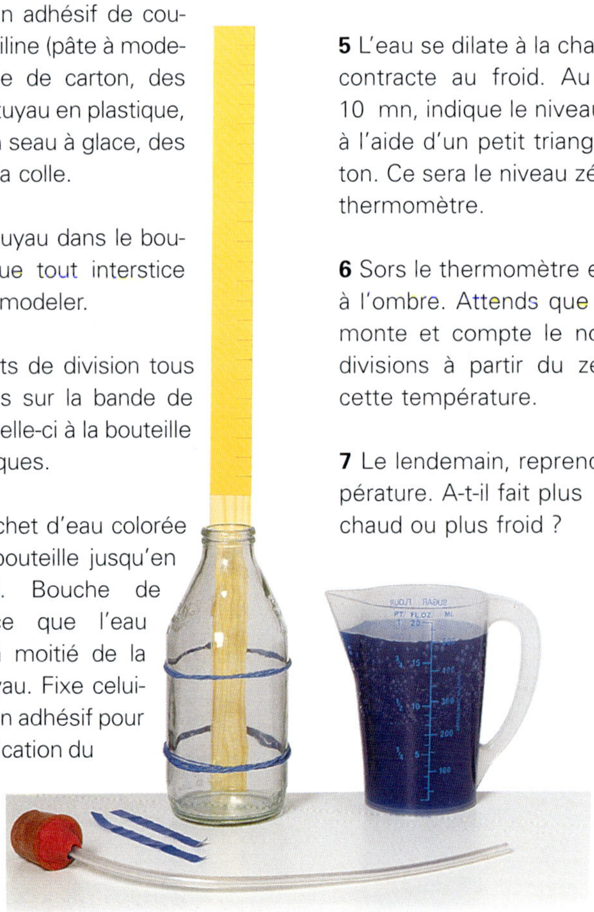

4 Place le thermomètre dans le seau à glace. Remplis de glaçons.

5 L'eau se dilate à la chaleur et se contracte au froid. Au bout de 10 mn, indique le niveau de l'eau à l'aide d'un petit triangle en carton. Ce sera le niveau zéro de ton thermomètre.

6 Sors le thermomètre et mets-le à l'ombre. Attends que le niveau monte et compte le nombre de divisions à partir du zéro. Note cette température.

7 Le lendemain, reprends la température. A-t-il fait plus chaud ou plus froid ?

Le réchauffement de l'air

Durant le jour, le Soleil chauffe la Terre. L'air au contact de la Terre met un certain temps à se réchauffer. C'est donc en milieu d'après-midi, et non à 12 heures, que la Terre reçoit le maximum d'énergie.

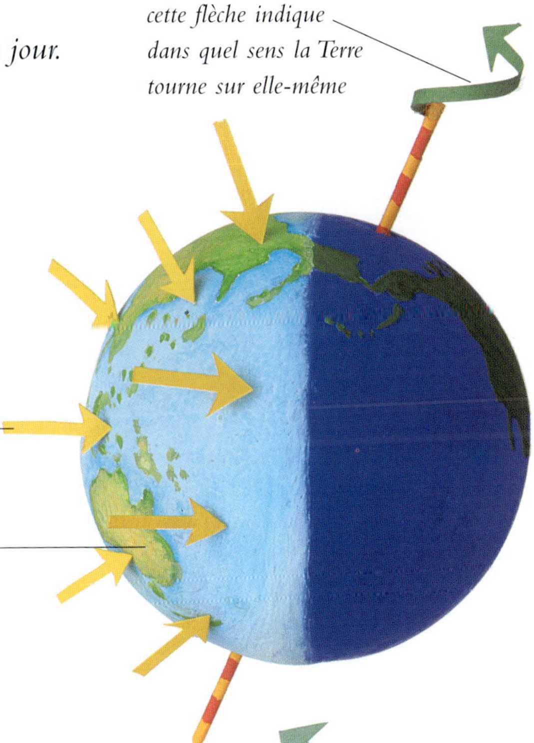

▷ *Cette maquette montre l'Australie de jour. Les rayons du Soleil chauffent les mers et les terres durant le jour.*

Le refroidissement de l'air

En l'absence de rayonnement solaire la nuit, la Terre continue de restituer l'énergie absorbée pendant le jour. L'air refroidit. Si le ciel est couvert, en revanche, les nuages empêchent une partie de la chaleur de se libérer. La nuit est alors plus chaude.

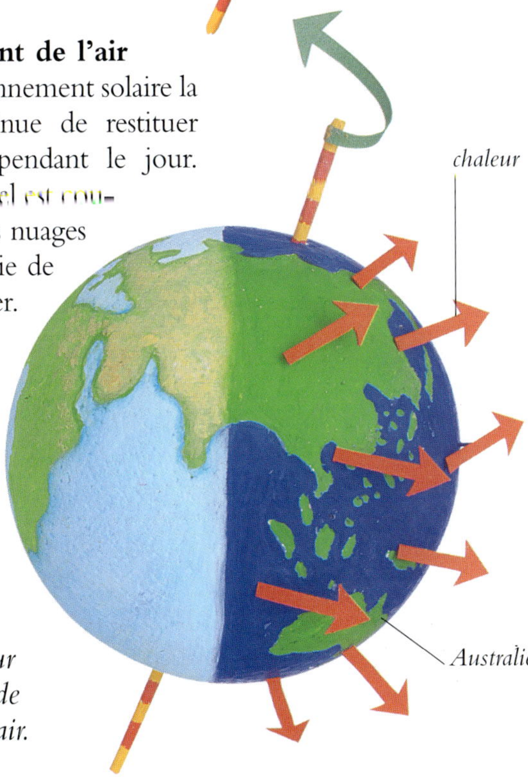

▷ *C'est maintenant la nuit en Australie. La chaleur libérée à la surface de la Terre réchauffe l'air.*

Absorption ou réflexion ?

La température de l'air au voisinage de la terre dépend de la température du sol. Chaque type de surface absorbe la chaleur de manière différente. La neige réfléchit les rayons du Soleil et absorbe une très faible quantité de chaleur, de sorte que l'air situé au-dessus reste froid. À l'inverse, le sable du désert absorbe la chaleur plus facilement, de sorte que l'air situé au-dessus se réchauffe.

Les coups de froid

Ton corps dégage de la chaleur et une fine couche d'air chaud te protège du froid. Mais si le vent souffle cet air chaud plus vite que ton corps met de temps à le remplacer, tu as une sensation de froid, même si l'air ambiant est chaud. C'est ce qu'on appelle familièrement un coup de froid.

RÉFLEXION DU RAYONNEMENT INCIDENT

Ce qu'il te faut : du sucre, du sable, 2 assiettes creuses, 2 petits thermomètres et une lampe.

1 Remplis une assiette de sable et une de sucre. Plante un thermomètre dans chaque assiette.

2 Allume la lampe. Les thermomètres vont monter. Lequel monte le plus vite ?

Résultat : Le sable se réchauffe plus vite que le sucre. Cela montre que certains matériaux absorbent la chaleur plus rapidement que d'autres.

La pression atmosphérique

La pression atmosphérique est le poids de l'air sur un point donné de la surface terrestre. Sans que nous nous en rendions compte, l'atmosphère ne pèse pas toujours le même poids. Quand l'air est pesant, il forme une haute pression. Quand il est léger, il constitue une basse pression qui apporte généralement des nuages et de la pluie.

Air chaud et air froid

La pression atmosphérique varie selon le lieu, en raison notamment des changements constants de la température de l'air. Quand l'air est chaud, il est léger et il monte, laissant derrière lui une zone de basse pression (voir ci-dessous). Quand l'air est froid, il est lourd et il descend, formant une zone de haute pression (voir ci-contre).

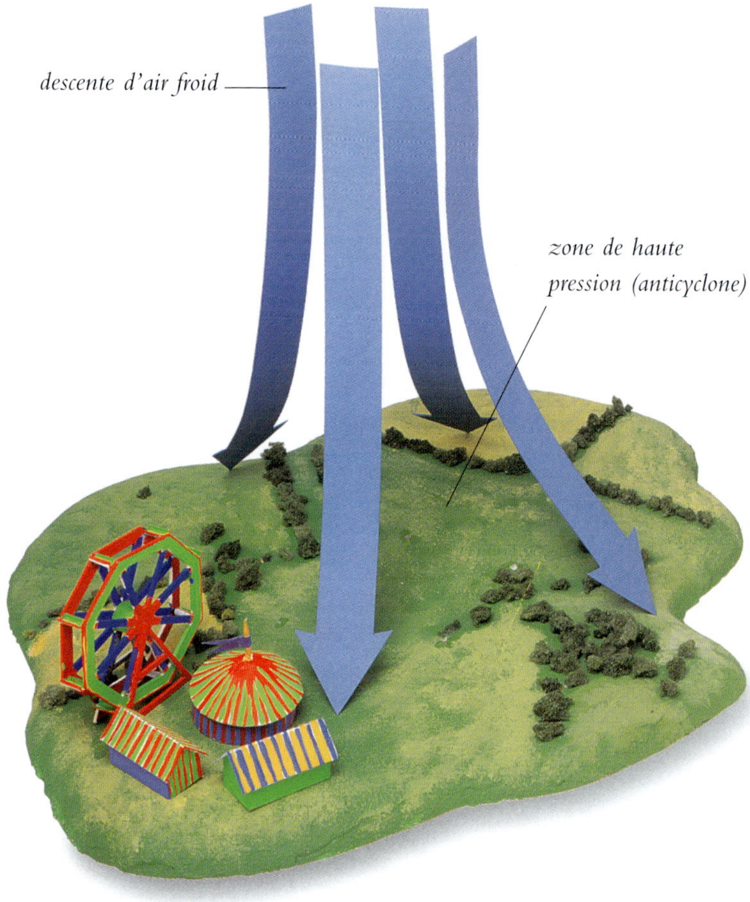

△ *Cette maquette montre une descente d'air froid formant une zone de haute pression.*

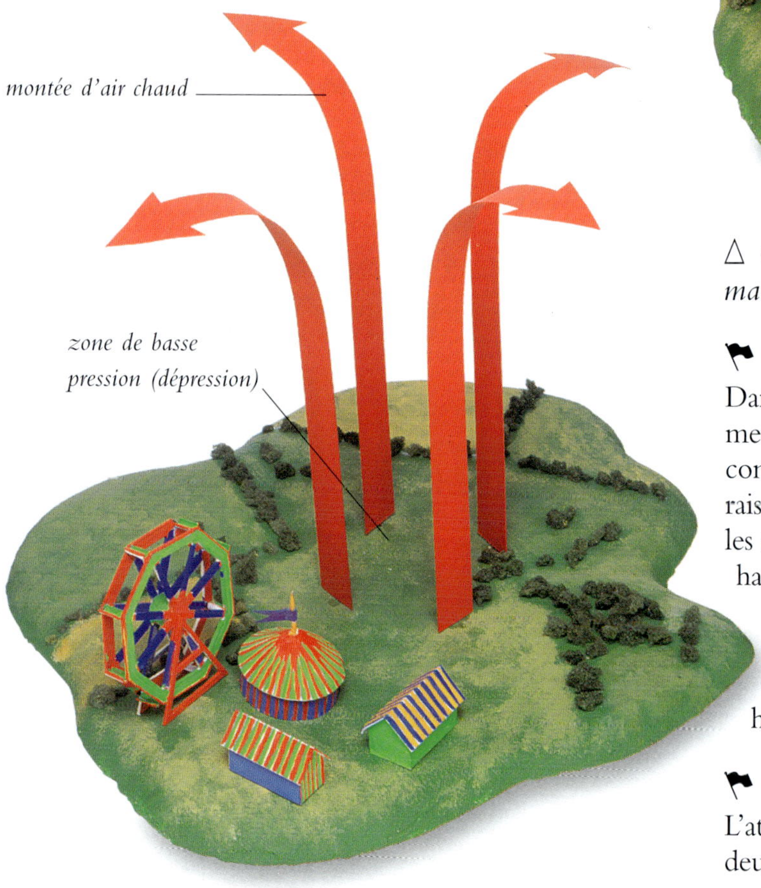

△ *Cette maquette montre une montée d'air chaud formant une zone de basse pression.*

Pression et précipitations

Dans les zones de basse pression, l'air chaud refroidit à mesure qu'il s'élève. La **condensation** de la vapeur d'eau contenue dans l'air entraîne la formation de pluie. C'est la raison pour laquelle les précipitations sont fréquentes dans les zones de basse pression (dépressions). Dans les zones de haute pression, l'air froid se réchauffe à mesure qu'il descend. L'air chaud peut contenir une grande quantité de vapeur d'eau sans qu'il pleuve. C'est la raison pour laquelle un temps clair et sec caractérise les zones de haute pression (anticyclones).

Pression et vent

L'atmosphère essaie toujours d'équilibrer la pression entre deux zones. L'air circule des hautes pressions vers les basses pressions environnantes. Ce mouvement d'air donne naissance au vent, qui est d'autant plus fort que la différence de pression entre les deux zones est importante.

Pression et altitude

La pression atmosphérique décroît au fur et à mesure que l'on monte. En altitude, la quantité d'air exerçant une pression sur la surface de la Terre est moins importante qu'au niveau de la mer. La pression atmosphérique se mesure à l'aide d'un **baromètre,** en unités appelées hectopascals (hPa).

◁ *En haute montagne, la pression atmosphérique est plus faible et l'oxygène se raréfie. Les alpinistes portent parfois des bouteilles d'oxygène pour respirer plus facilement.*

La sensation de pression

En avion, on peut sentir les changements de pression lorsque les oreilles « se débouchent » brusquement. La pression de l'air à l'intérieur des oreilles étant plus élevée que la pression atmosphérique à l'intérieur de l'avion, elle exerce une pression interne contre les tympans. En avalant, on diminue cette pression interne et les tympans se remettent en place.

FABRICATION D'UN BAROMÈTRE

Ce qu'il te faut : une petite bouteille de verre à col large, un bol, du bristol, de l'eau colorée, de la colle et un feutre.

1 Remplis la bouteille jusqu'en haut du col d'eau colorée. Pose le bol vide sur le col de la bouteille et retourne avec précaution la bouteille et le bol. Assure-toi que la bouteille est en équilibre stable sur son col.

2 Laisse un peu d'eau s'écouler de la bouteille jusqu'à ce que le bol soit plein aux deux tiers.

3 Fais des traits de division tous les 2 mm sur un morceau de bristol que tu colleras sur la bouteille. Colle par-dessus un petit triangle de couleur indiquant le niveau de l'eau, comme ci-dessous à gauche.

4 Mets ton baromètre à l'ombre. Note chaque jour la hauteur du niveau d'eau, qui baisse ou qui monte.

Résultat : Une haute pression appuie sur l'eau dans le bol et fait remonter le niveau de l'eau dans la bouteille. Plus le niveau est haut, plus la pression est forte.

▽ *Le baromètre indique ici que la pression atmosphérique a diminué.*

La circulation atmosphérique

Le vent est de l'air en mouvement. L'air se déplace toujours d'une zone de haute pression vers une zone de basse pression. Les successions de cellules atmosphériques dans lesquelles et entre lesquelles les vents circulent tout autour du monde sont appelées circulations cellulaires. Les vents de moindre importance, à proximité des côtes ou des montagnes, sont appelés vents locaux.

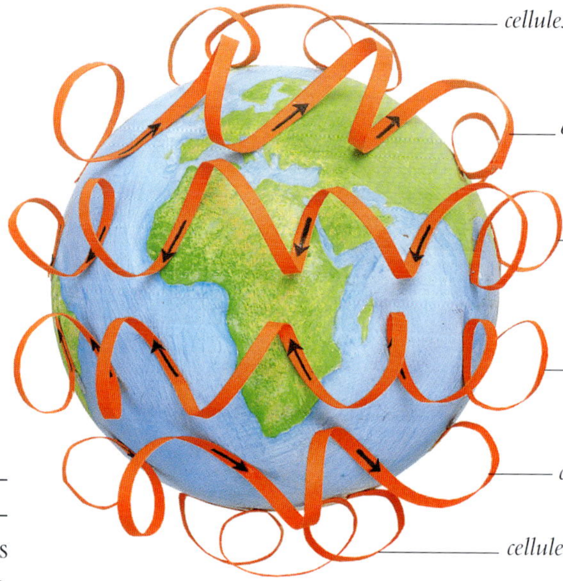

△ *Cette maquette montre les circulations cellulaires qui serpentent autour de la Terre.*

Les cellules atmosphériques

Dans chaque hémisphère, la circulation atmosphérique s'organise en trois boucles appelées cellules. Au niveau de l'équateur, l'air chaud monte et commence à se diriger vers les pôles. Puis l'air refroidit, redescend et revient à l'équateur, formant les cellules de Hadley. Aux pôles, l'air froid descend. Quand l'air s'éloigne des pôles, il se réchauffe et monte, formant les cellules polaires. Les circulations cellulaires des latitudes moyennes, appelées cellules de Ferrel, sont animées par les mouvements atmosphériques collatéraux.

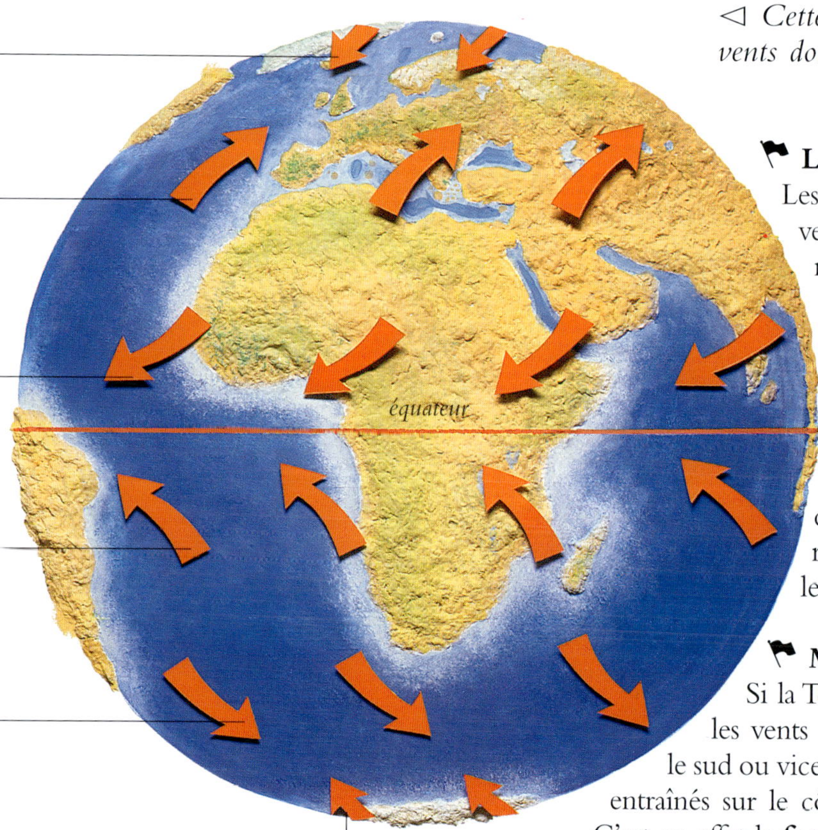

◁ *Cette maquette indique la direction des vents dominants dans le monde.*

Les vents dominants

Les cellules qui se succèdent en mouvements tourbillonnaires autour du monde sont à l'origine des vents dominants, c'est-à-dire des vents qui proviennent souvent d'une même direction. Les vents réguliers qui soufflent en direction de l'équateur sont les alizés, très utilisés autrefois par les bateaux de commerce. Dans les zones tempérées, il y a les vents d'ouest et dans les zones polaires les vents d'est.

Mouvements tourbillonnaires

Si la Terre ne tournait pas sur elle même, les vents souffleraient toujours du nord vers le sud ou vice-versa. Au lieu de cela, les vents sont entraînés sur le côté du fait de la rotation terrestre. C'est en effet la **force de Coriolis** qui dévie les vents vers la droite dans l'hémisphère Nord et vers la gauche dans l'hémisphère Sud.

FABRICATION D'UNE GIROUETTE ⚠

Ce qu'il te faut : 2 baguettes rondes (de 12 et 5 mm ø), du carton, du scotch, de la colle, une épingle à tête ronde, une boussole, une perle et un vilebrequin.

1 Avec l'aide d'un adulte, perce deux trous perpendiculaires superposés de 5 mm ø dans la baguette de 12 mm ø. Fais passer à travers ces trous deux baguettes de 5 mm ø, pour obtenir un montage en croix.

2 Pour la flèche de direction du vent, demande à un adulte de percer un petit trou au centre de la baguette de 5 mm ø.

3 Passe l'épingle à travers la baguette de 5 mm ø puis la perle, et pose l'ensemble sur la baguette de 12 mm ø.

4 Colle ou scotche du carton de couleur aux extrémités des baguettes. Choisis des couleurs différentes pour indiquer le nord, le sud, l'est et l'ouest.

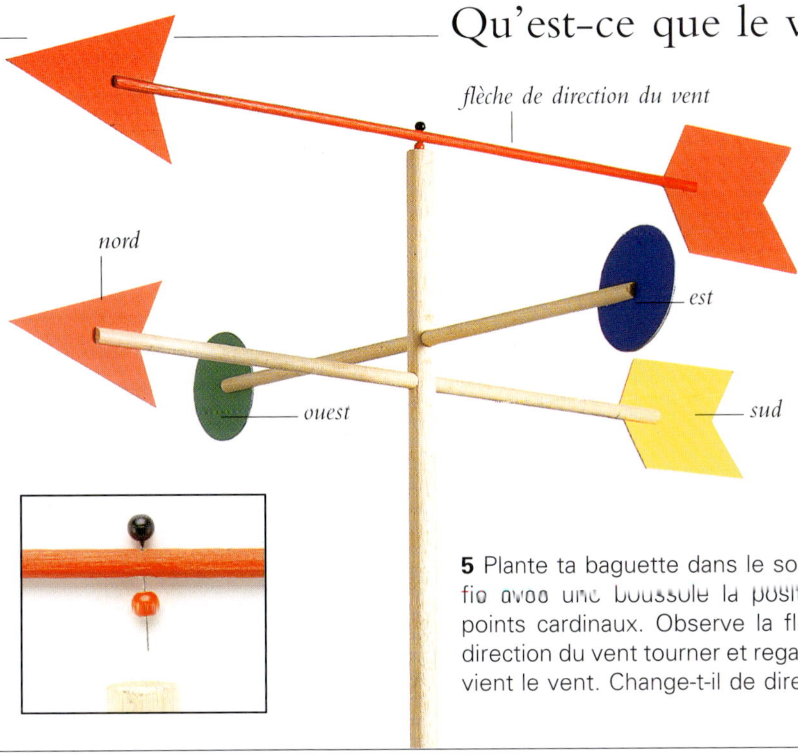

5 Plante ta baguette dans le sol et vérifie avec une boussole la position des points cardinaux. Observe la flèche de direction du vent tourner et regarde d'où vient le vent. Change-t-il de direction ?

Brises de mer

Les vents locaux qui s'établissent à proximité des côtes sont appelés selon le cas brises de mer ou brises de terre. Le jour, le sol se réchauffe plus vite que la mer. L'air chaud situé au-dessus du continent monte et crée une dépression qui attire un air marin frais. Cette brise soufflant depuis la mer vers la terre prend la place de l'air continental ascendant.

▷ *Les brises de mer soufflent le jour, quand le continent est plus chaud que la mer.*

Brises de terre

La nuit, le sol refroidit plus vite que la mer. L'air chaud situé au-dessus de la mer monte et crée une dépression qui attire un air continental plus frais. Cette brise soufflant depuis la terre vers la mer prend la place de l'air marin ascendant.

▷ *Les brises de terre soufflent la nuit, quand la mer est plus chaude que le continent.*

La vitesse du vent

La vitesse du vent dépend de la différence de pression atmosphérique entre deux zones. Une faible différence engendre une petite brise. Une très grande différence peut entraîner des vents violents et des tempêtes. La vitesse du vent se mesure à l'aide d'un **anémomètre.**

L'échelle de Beaufort

En 1805, Francis Beaufort, amiral dans la Marine britannique, a établi une échelle des vitesses du vent qui décrit les effets du vent sur les navires et les vagues. Cette échelle de Beaufort a été adaptée aux manifestations du vent à terre. Les degrés de l'échelle vont de 0 (calme) à 12 (ouragan) et montrent comment les différentes vitesses de vent peuvent affecter l'homme et son environnement. Sur les maquettes ci-dessous, les 13 degrés de l'échelle de Beaufort ont été regroupés en 6 degrés d'intensité.

Degrés de l'échelle de Beaufort

Degrés 0 – 2

Calme, très légère brise et légère brise soufflant à 0-11 km/h. La fumée s'élève verticalement ou est inclinée. Les feuilles frémissent. Les girouettes ne bougent pas ou très peu.

Degrés 3 – 4

Petite brise et jolie brise soufflant à 12-28 km/h. Les feuilles et les petites branches sont constamment agitées. Les drapeaux sont déployés. Le vent soulève la poussière et les feuilles de papier.

Degrés 7 – 8

Grand frais et coup de vent soufflant à 50-74 km/h. Les arbres sont agités et le vent casse les rameaux. La marche est difficile.

Degrés 9 – 10

Fort coup de vent et tempête soufflant à 75-102 km/h. Les maisons peuvent être endommagées. Les arbres sont déracinés.

Les symboles du vent

Sur les cartes météorologiques, des symboles sont prévus pour le vent. Un trait (hampe) montre la direction du vent et des tirets (barbules) implantés sur cette hampe indiquent les différentes vitesses de vent.

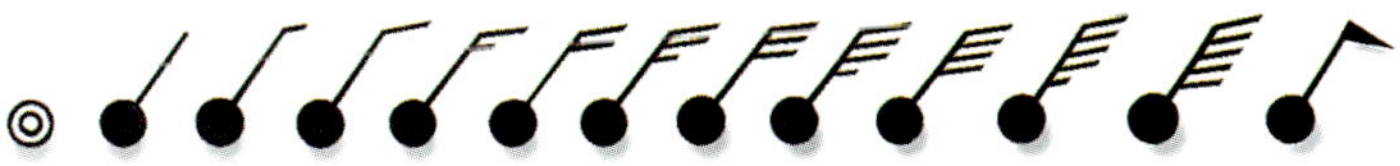

0 1 2 3 4 5 6 7 8 9 10 11 12

△ *Ces symboles sont utilisés sur les cartes pour représenter les différents degrés de l'échelle de Beaufort.*

Degrés 5 – 6
Bonne brise et vent frais soufflant à 29-49 km/h. Les arbustes se balancent. Sur les plans d'eau, il y a des vaguelettes. Les parapluies se retournent.

Degrés 11 – 12
Violente tempête et ouragan soufflant à plus de 103 km/h. Les ravages sont étendus.

FABRICATION D'UN ANÉMOMÈTRE ⚠

Ce qu'il te faut : 3 rectangles de carton ondulé (deux de 12 x 20 cm et un de 9 x 7 cm), du papier de couleur, 2 planchettes de bois de 10 x 20 cm, des punaises, une brochette en bois, une paille, un compas, une allumette, un cutter et de la colle.

1 Colle le papier de couleur sur un côté de chaque rectangle de carton ondulé. Avec la brochette, fais un trou dans un coin de chaque carton, à 2 cm de chaque bord, comme indiqué ci-dessus.

2 Trace au compas deux arcs de cercle, l'un à 7 cm du trou, l'autre à 6,5 cm. Avec l'aide d'un adulte, découpe une fente au cutter dans chaque panneau, comme indiqué ci-dessus. Trace des divisions égales le long des deux fentes découpées.

3 Assemble la boîte. Colle la paille sur le côté de la longueur du petit rectangle de carton, et insère une allumette dans l'épaisseur du carton sur le côté de la largeur.

4 Passe la brochette en bois dans les trous pour qu'elle serve d'axe au volet mobile (petit rectangle de carton). Du côté extérieur, plante une punaise dans chaque trou pour retenir la paille. L'allumette, quant à elle, doit passer à travers une des fentes. Colle un petit triangle de papier à l'extrémité de l'allumette en guise d'aiguille.

5 Maintenant, expose le volet mobile au vent et prends des mesures à différents endroits, en plein air. Vois-tu des variations ?

Le cycle de l'eau

L'eau s'élève jusque dans le ciel puis retombe au sol, formant un cycle perpétuel, le cycle de l'eau. L'eau doit d'abord passer de l'état liquide, à la surface de la Terre, à l'état gazeux sous forme de vapeur d'eau en suspension dans l'air. Ce processus est appelé **évaporation.** Dans le ciel, la vapeur d'eau repasse à l'état liquide. C'est le phénomène de la condensation.

▽ *Sur cette maquette du cycle de l'eau, les flèches bleues indiquent les mouvements de l'eau. Les flèches vertes montrent le mouvement des nuages qui amènent souvent la pluie sur le continent.*

Les nuages

Sous l'effet de la chaleur solaire, l'eau s'évapore et se mélange à l'air. Quand l'air s'élève dans le ciel, il refroidit en raison des températures plus basses que l'on rencontre en haute altitude. L'air froid ne peut emmagasiner autant de vapeur d'eau que l'air chaud. Une partie de la vapeur d'eau se transforme donc sous l'effet de la condensation en fines gouttelettes d'eau ou en minuscules cristaux de glace. Ces particules d'eau liquide ou solide s'assemblent pour former les nuages.

La pluie

Lorsque la température des nuages baisse, la pluie peut tomber et revenir dans les cours d'eau, les lacs et les océans. L'eau pénètre également dans le sol et est consommée par les plantes et les animaux. Lorsque le Soleil chauffe le sol, le cycle recommence. La quantité d'eau totale sur Terre reste la même grâce à ce cycle.

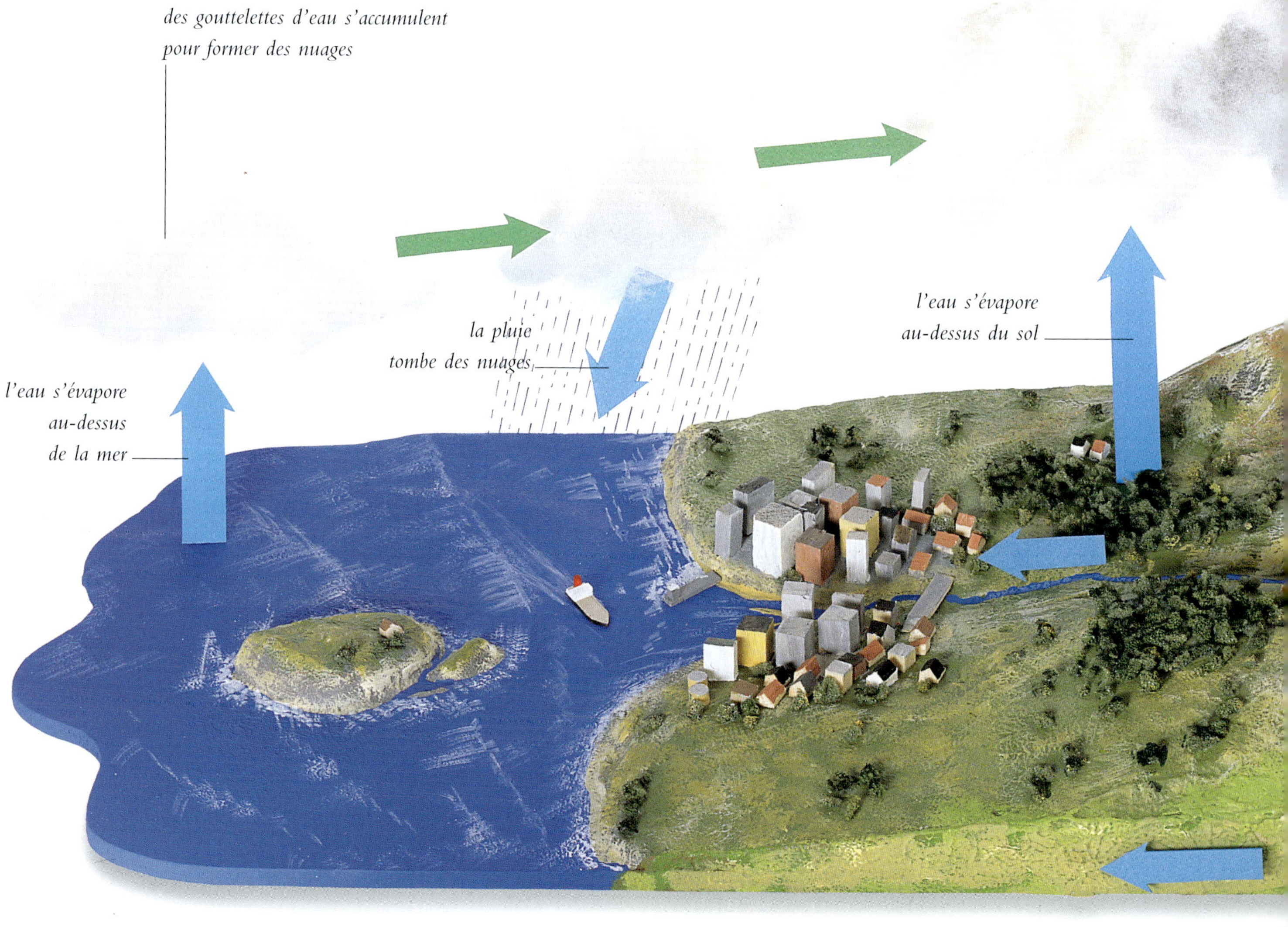

Comment les nuages de pluie se forment-ils ?

OBSERVATION DE L'ÉVAPORATION

Ce qu'il te faut : une soucoupe blanche, une craie ou un pastel et de l'eau colorée.

1 Verse l'eau colorée dans la soucoupe. Trace à la craie ou au pastel la limite de la superficie occupée par l'eau.

2 Maintenant, laisse ta soucoupe dans un endroit chaud et sec pendant une journée.

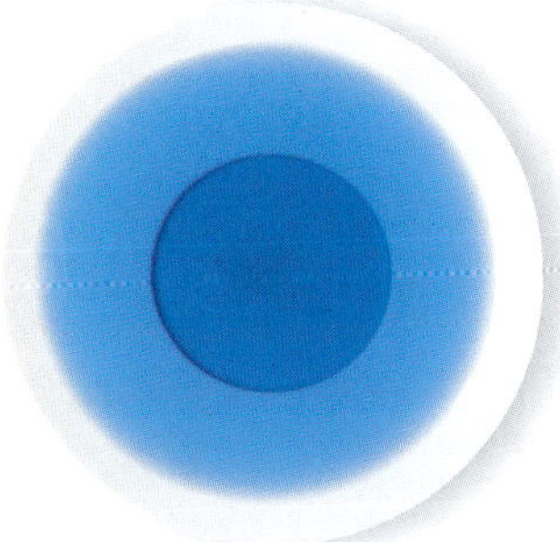

Résultat : Une partie de l'eau s'est évaporée et le niveau de l'eau a diminué. À présent, laisse ta soucoupe dans un endroit frais pendant une journée. Observes-tu le même résultat ?

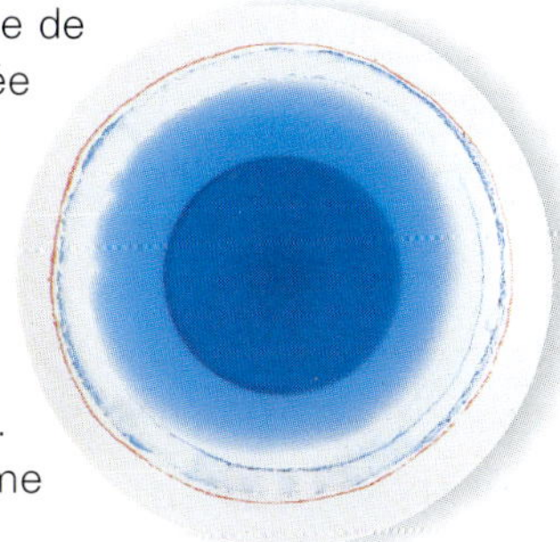

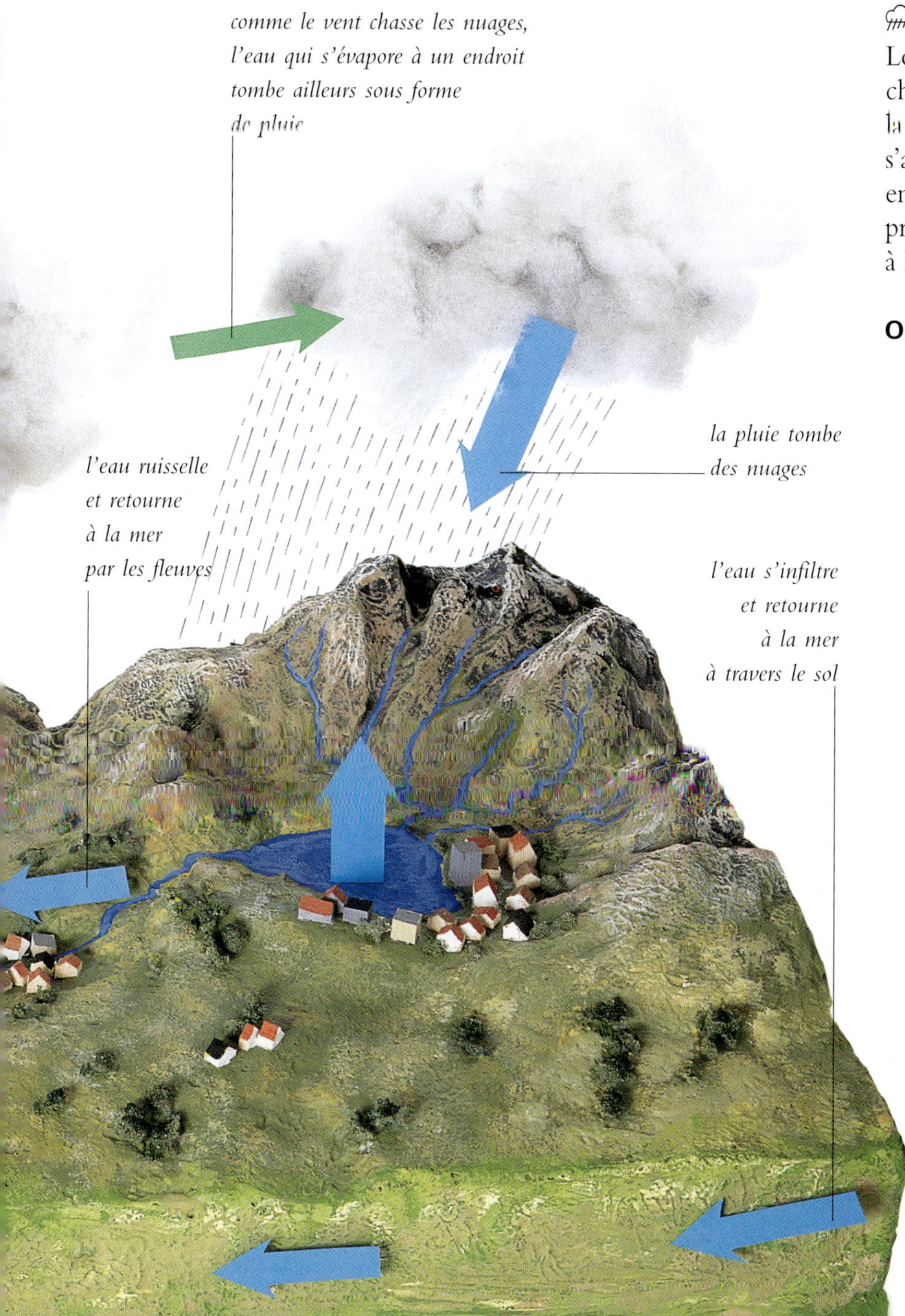

Eau et chaleur

Lorsque l'eau s'évapore, elle emmagasine de la chaleur et lorsqu'elle se condense, elle restitue de la chaleur. Le cycle de l'eau à la surface du globe s'accompagne donc de transferts de chaleur qui entraînent des changements de temps. La chaleur provoque en effet des mouvements d'air qui sont à l'origine du temps qu'il fait.

OBSERVATION DE LA CONDENSATION

1 Souffle doucement sur la surface froide d'un miroir et observe ce qui se passe.

Résultat : Quand ton souffle chaud entre en contact avec la paroi froide du miroir, la vapeur d'eau de ton souffle se condense et forme de fines gouttelettes d'eau à la surface du miroir.

Les nuages

Environ la moitié de la voûte céleste est occupée par les nuages à un moment donné. Les nuages se forment quand l'air monte et rafraîchit. La vapeur d'eau présente dans l'air refroidit et se condense sur des grains de poussière en suspension dans l'air. Ces minuscules gouttelettes d'eau ou de glace sont si petites qu'elles semblent flotter dans l'air comme la vapeur provenant d'une bouilloire.

▷ *Cette maquette montre l'ascension et le refroidissement de l'air, la condensation de la vapeur d'eau et la formation d'un nuage.*

Air et humidité

Trois raisons principales expliquent l'ascension de l'air. Premièrement, le sol peut chauffer l'air et le faire monter. Deuxièmement, l'air s'élève le long des **fronts** (voir pages 30-31). Troisièmement, le relief des montagnes peut contraindre l'air à monter. L'altitude d'un nuage dépend de la quantité d'**humidité** contenue dans l'air. Plus les nuages sont bas, plus l'humidité est élevée.

MESURE DE L'HUMIDITÉ

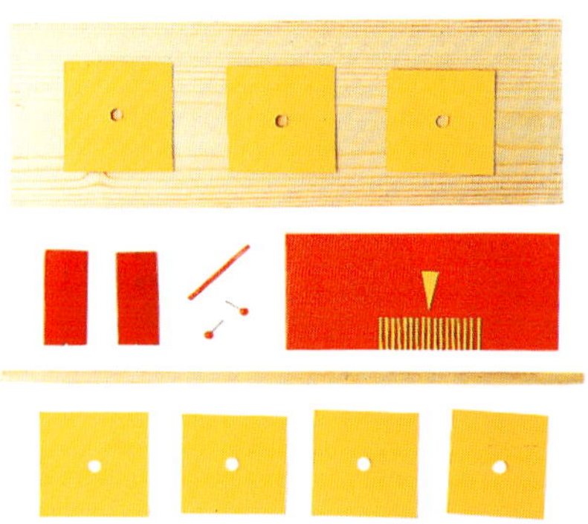

Ce qu'il te faut : une planche en bois de 10 x 30 cm en guise de support, 2 petits blocs rectangulaires en bois, du bristol, 2 épingles à tête ronde, une baguette ronde de faible section, une allumette, du papier buvard et de la colle.

1 Colle les blocs en bois à 2 cm l'un de l'autre à un bout du support en bois. Colle l'allumette au bout de la baguette.

2 Dessine une échelle formée d'une succession de divisions égales sur un bristol et ajoute un repère triangulaire. Plie une extrémité de l'échelle et colle-la au support pour qu'elle soit verticale.

3 Enfonce une épingle à tête ronde dans les blocs de bois de chaque côté de la baguette et à un tiers de la longueur de celle-ci. Enfile des carrés de papier buvard sur la baguette.

4 Pose la baguette en équilibre sur les blocs et déplace les carrés de buvard jusqu'à ce que l'allumette soit en alignement avec le repère triangulaire.

5 Installe ton hygromètre à l'extérieur, sous abri et regarde chaque jour si l'aiguille (allumette) monte ou descend.

Résultat : Par temps humide, le papier absorbera l'eau et sera plus lourd. L'aiguille montera. Par temps sec, l'aiguille descendra ; est-ce que les nuages sont plus bas par temps humide ou par temps sec ?

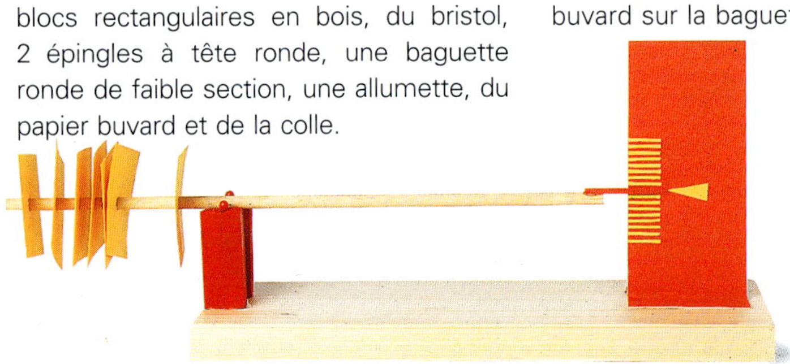

▽ *Ici, le degré d'humidité a augmenté.*

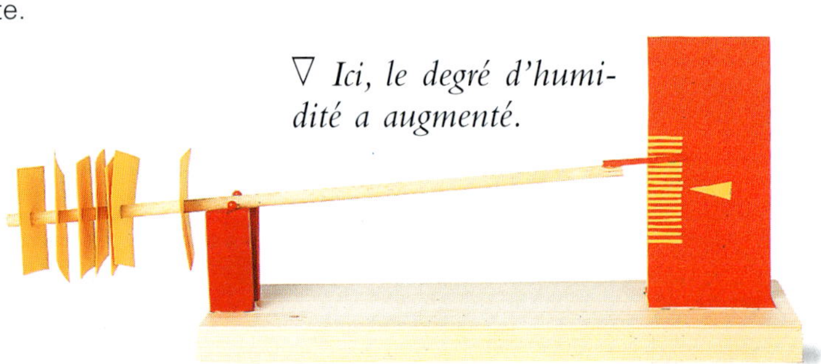

Les principaux nuages

Il existe trois formes principales de nuages : des nuages cotonneux et duveteux appelés cumulus (« amas » en latin), des nappes de nuages dénommés stratus (« couche » en latin) et de petits nuages fins, les cirrus (« filament » en latin). Les cirrus ne se rencontrent que dans l'étage supérieur de la troposphère. Les cumulus et les stratus sont présents à différents niveaux. Les nuages qui sont un mélange de cumulus et de stratus sont des stratocumulus.

La dénomination des nuages

La dénomination d'un nuage permet de connaître la forme qu'il prend, l'altitude à laquelle on le trouve et s'il contient ou non de l'eau. Si on prend les noms de nuages ci-dessous, on retrouve le mot nimbus dans « cumulonimbus », qui indique qu'on a affaire à un nuage porteur de pluie ou de neige. Le préfixe 'alto-' dans « altostratus » et « altocumulus » rappelle que ces nuages se situent dans l'étage moyen de la troposphère, entre 2 000 et 5 000 mètres. Dans le nom « cirrostratus », le préfixe 'cirro-' indique que ce nuage ne se rencontre pas en dessous de 5 000 mètres.

▷ *Cette maquette montre différents types de nuages présents dans la troposphère, la partie inférieure de l'atmosphère.*

Les précipitations

Les précipitations correspondent à des chutes d'eau en provenance de nuages. L'eau peut tomber sous forme de pluie, de neige ou de grêle, en fonction de la température de l'air et du type de nuage considéré. La présence de nuages dans le ciel n'annonce pas nécessairement des précipitations. Celles-ci se produisent lorsque les nuages sont trop chargés d'humidité. La mesure des précipitations en un lieu donné s'effectue à l'aide d'un appareil appelé pluviomètre.

△ *Les arcs-en-ciel s'observent quand la lumière solaire, réfractée et réfléchie par des millions de gouttes de pluie, apparaît dans toutes les couleurs du spectre.*

△ *Nuage porteur de pluie.*

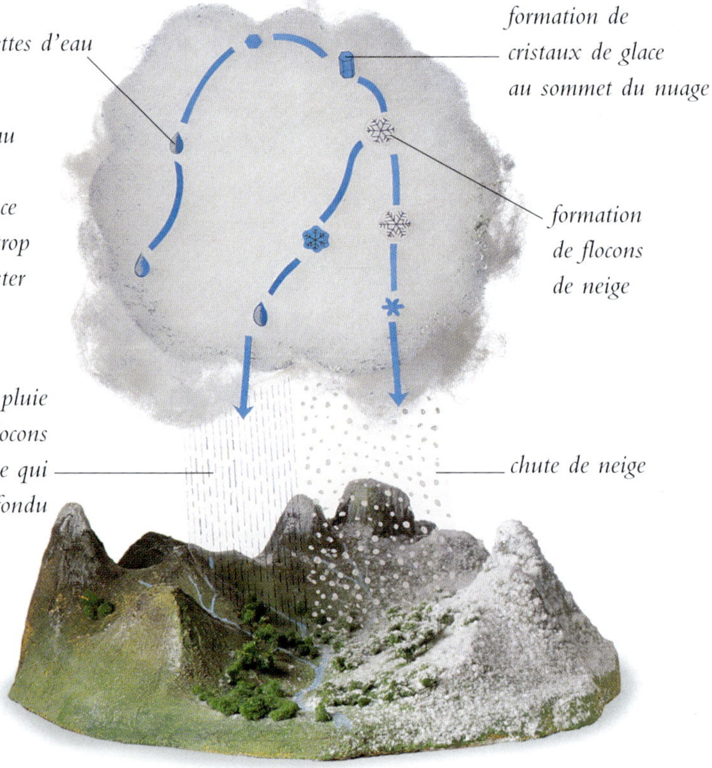

△ *Nuage porteur de pluie et de neige.*

La formation de la pluie

L'un des modes de formation de la pluie est l'agglomération de gouttelettes d'eau. Dans des nuages bas et chauds, les gouttelettes sont soumises à des mouvements atmosphériques. Quand elles entrent en collision les unes avec les autres, elles s'agglomèrent pour constituer des gouttes. Devenant trop lourdes pour rester en suspension dans l'air, elles tombent alors sous forme de pluie. Plus les gouttelettes restent longtemps dans le nuage, plus la pluie sera forte.

Cristaux de glace et flocons de neige

Dans les zones froides, les nuages sont constitués de cristaux de glace à leur sommet et de gouttelettes d'eau plus bas. Les cristaux de glace attirent les gouttelettes, qui gèlent à leur tour. Beaucoup de cristaux s'agglomèrent pour former des flocons de neige qui, lorsqu'ils sont trop lourds, tombent des nuages. Si la température est supérieure au point de congélation (0 °C) pendant leur chute, ils atteignent le sol sous forme de neige fondue ou de pluie.

FABRICATION D'UN PLUVIOMÈTRE

Ce qu'il te faut : une bouteille en plastique, du ruban adhésif de couleur, des ciseaux et une règle.

1 Colle du ruban adhésif au niveau de l'épaule de la bouteille et suis le bord de l'adhésif pour couper la bouteille en deux, comme indiqué ci-contre.

2 Retourne le haut de la bouteille dans la partie inférieure de la bouteille. L'entonnoir ainsi formé empêchera l'eau de s'évaporer.

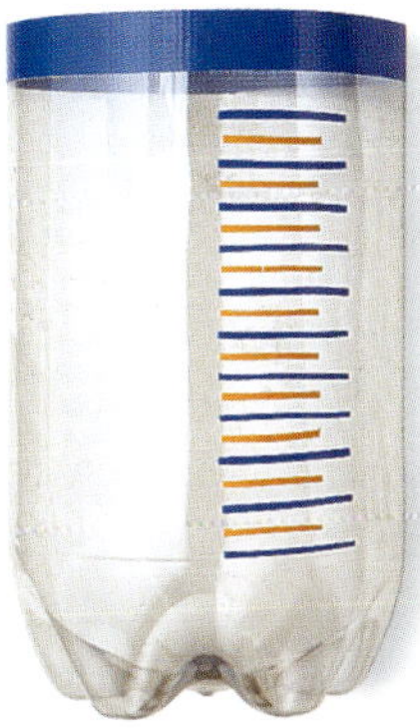

3 Coupe de très fines bandes d'adhésif et utilise-les pour marquer des divisions tous les 5 mm sur le flanc de la bouteille. Verse de l'eau jusqu'à la division inférieure.

4 Installe ton pluviomètre à l'extérieur, à l'écart des constructions et des arbres. Note chaque jour, pendant une semaine, la quantité d'eau recueillie et n'oublie pas de vider l'eau chaque matin jusqu'au niveau de la division inférieure.

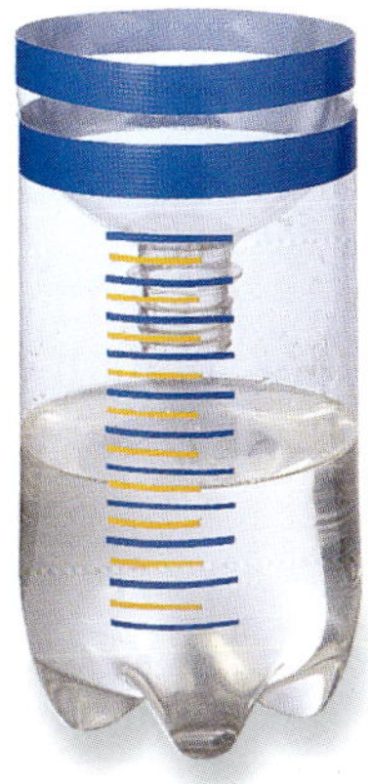

△ *Nuage porteur de grêle.*

Les grêlons

La grêle se forme dans des nuages d'orage lorsque des cristaux de glace sont soumis à de puissants mouvements ascendants et descendants. Quand ces cristaux sont propulsés au sommet du nuage, ils attirent l'eau qui gèle à leur surface et finissent par tomber au sol sous forme de grêle. Les grêlons ont souvent la taille d'une petite bille mais sont parfois plus gros que des balles de tennis !

Symboles cartographiques

Afin d'effectuer leurs prévisions, les météorologistes ont besoin de connaître les précipitations d'un lieu donné. Ils accordent toute leur attention aux différents symboles indiqués sur les cartes météorologiques (voir page 38).

▽ *Ces symboles des précipitations sont utilisés sur les cartes météorologiques.*

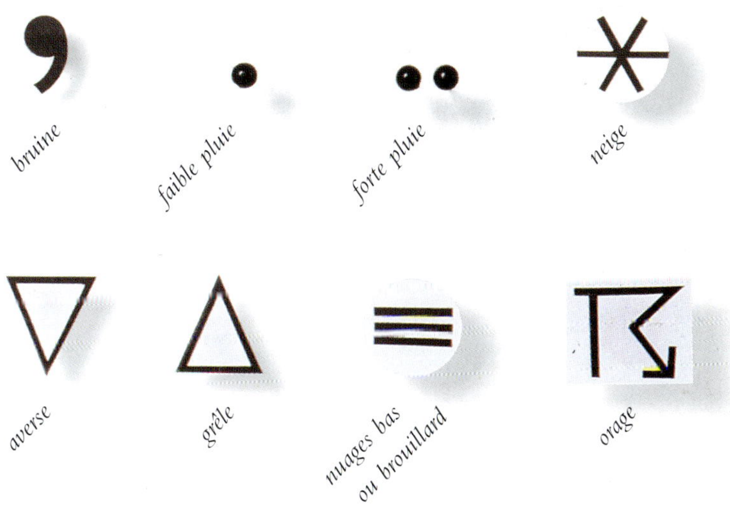

Les blizzards

Les blizzards sont des tempêtes de neige accompagnées de vents violents et glacials et de fine neige poudreuse. Les tourbillons de neige réduisent beaucoup la visibilité. Il est possible alors de faire l'expérience du « brouillard blanc », ce blanc total qui empêche de voir et fait perdre tout sens de l'orientation. Dans le blizzard, le vent peut également former d'impressionnantes congères, engloutissant sous la neige les véhicules et les habitations les plus exposées.

Les masses d'air et les fronts

Les masses d'air sont d'énormes volumes d'air chaud ou d'air froid, maritime ou continental. L'atmosphère de ces masses d'air est chassée d'un endroit à l'autre par la circulation des cellules atmosphériques. Lorsqu'une masse d'air froid rencontre une masse d'air chaud, elles se mélangent très longtemps le long d'une ligne appelée front. Le temps à proximité d'un front est instable et variable, avec des nuages, des pluies et des orages.

La formation des masses d'air
Dans certaines parties du globe, comme les océans ou le cœur des grands **continents,** la surface de la Terre présente le même aspect sur de vastes étendues. Les énormes masses d'air couvrant ces territoires sont chaudes ou froides, sèches ou humides, en fonction du sol sous-jacent. Ces grandes masses d'air prennent le nom de l'endroit où elles se forment. Elles peuvent être chaudes (tropicales) ou froides (polaires) et naître au-dessus des continents (continentales) ou de la mer (maritimes).

▷ *Cette maquette montre un front chaud suivi d'un front froid. Le déplacement des masses d'air se fait de la gauche vers la droite.*

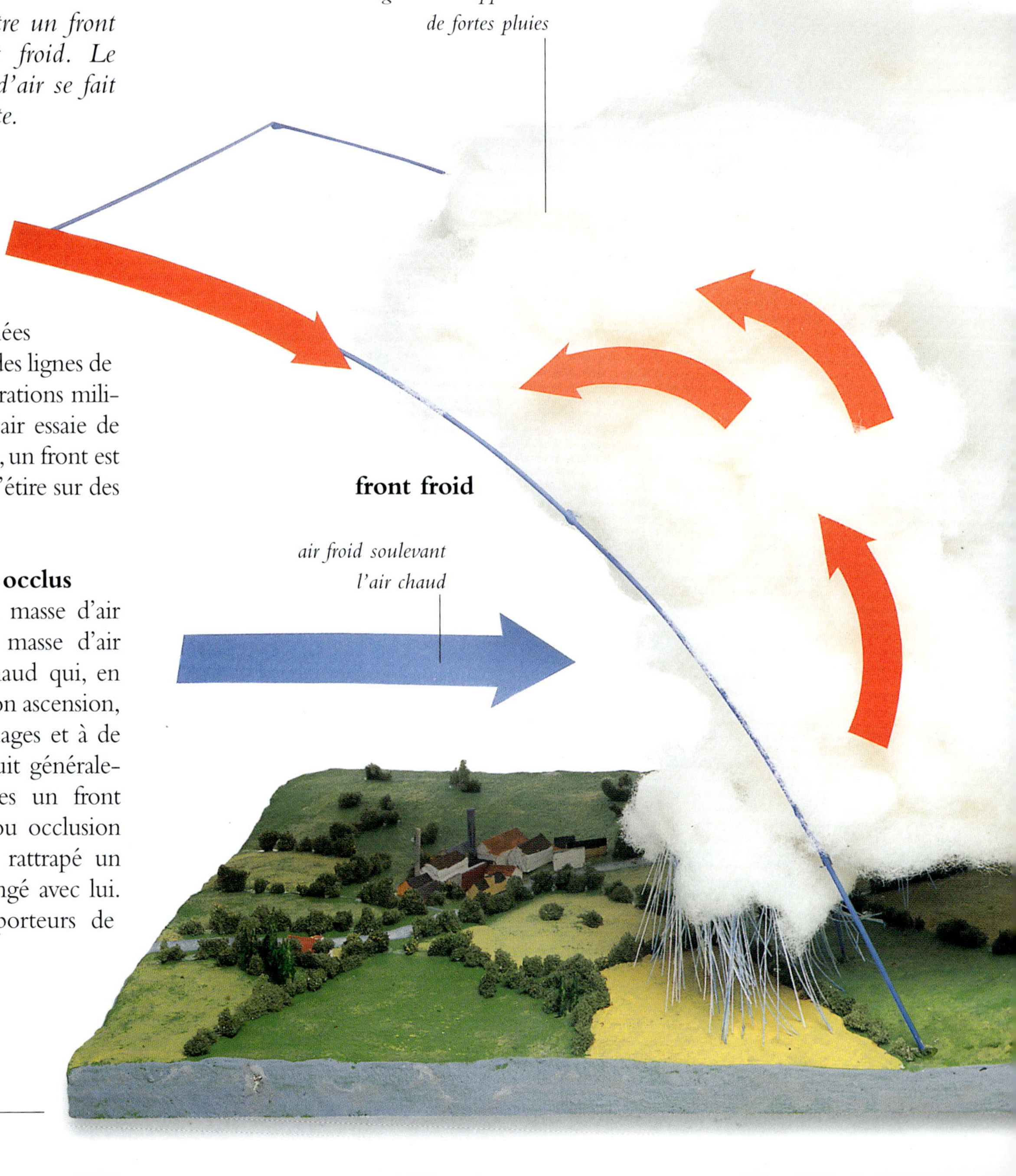

La rencontre des masses d'air
Les lignes le long desquelles les masses d'air se rencontrent sont appelées fronts, car elles rappellent des lignes de front sur un théâtre d'opérations militaires. Une seule masse d'air essaie de chasser l'autre. Selon le cas, un front est froid, chaud ou occlus et s'étire sur des centaines de kilomètres.

Les fronts froids et occlus
Dans un front froid, une masse d'air froid se glisse sous une masse d'air chaud et soulève l'air chaud qui, en refroidissant au cours de son ascension, donne naissance à des nuages et à de la pluie. Un front froid suit généralement de quelques heures un front chaud. Un front occlus ou occlusion est un front froid qui a rattrapé un front chaud et s'est mélangé avec lui. Les fronts occlus sont porteurs de fortes pluies.

Que se passe-t-il quand l'air chaud rencontre l'air froid ?

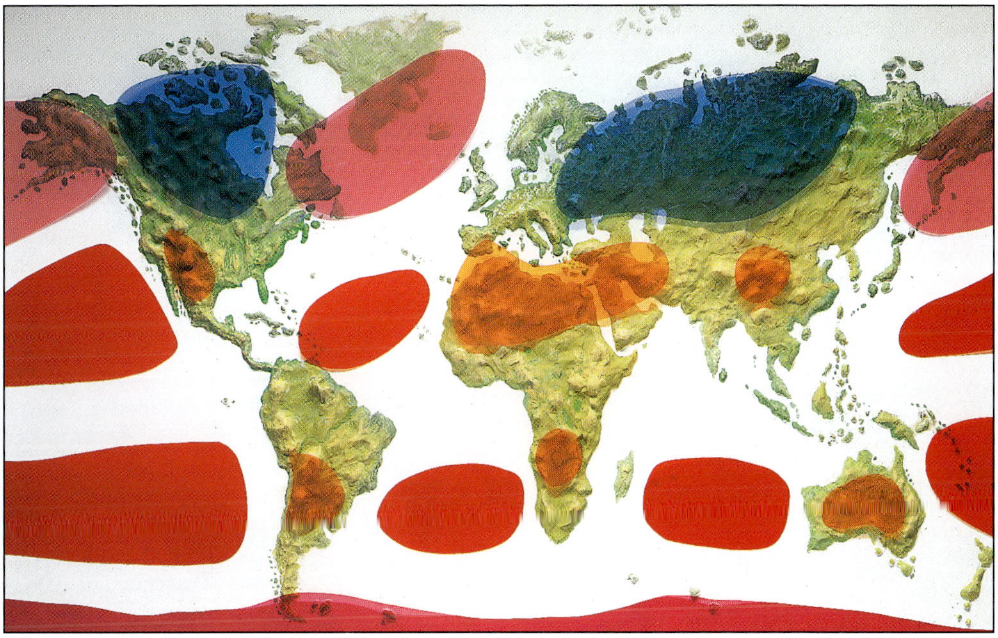

◁ *Carte indiquant la situation et les caractéristiques des grandes masses d'air à la surface du globe.*

masse d'air

continentale polaire : froide et sèche

continentale tropicale : chaude et sèche

maritime polaire : froide et humide

maritime tropicale : chaude et humide

Les fronts chauds

Dans un front chaud, une masse d'air chaud et humide glisse sur une masse d'air froid. Comme l'air chaud s'élève et se refroidit, la vapeur d'eau se condense et donne naissance à des nuages et à de la pluie. Au sol, l'air chaud remplace l'air froid.

Les orages

Les orages sont des perturbations atmosphériques qui naissent avec la formation de nuages très importants accompagnés de vents violents. Les orages se manifestent différemment à la surface du globe. Dans les régions tempérées, ils se développent le long des fronts, à la rencontre de l'air chaud et de l'air froid. Dans les régions chaudes intertropicales, les orages se forment en raison des fortes chaleurs et de l'humidité ambiante.

△ *Ces éclairs impressionnants ont suffisamment d'énergie pour illuminer la nuit des pans entiers du ciel.*

La formation d'un orage

Pas moins de 50 000 orages se produisent chaque jour dans le monde. Ils naissent avec la montée d'air chaud et humide dans une masse d'air froid. Des nuages de taille impressionnante se forment lorsque la vapeur d'eau se condense. Le sommet de ces nuages peut même atteindre le haut de la troposphère, où la température est très inférieure à 0 °C.

L'accumulation d'énergie

À l'intérieur d'un nuage d'orage les courants ascendants et descendants, très rapides, provoquent à l'intérieur du nuage le frottement des particules d'eau et de glace entre elles. Les particules reçoivent une charge électrique positive ou négative qui, dans les deux cas, contiennent de l'énergie. Au bout d'un certain temps, les charges électriques positives s'accumulent dans la partie supérieure du nuage et les charges négatives plus bas.

Les éclairs et le tonnerre

Désormais importantes, les charges électriques positives et négatives s'attirent. L'énergie accumulée se libère sous forme d'éclair entre deux charges. Comme l'atmosphère et le sol sont parfois chargés électriquement, la décharge (foudre) peut se produire entre le nuage et l'air ou entre le nuage et le sol. Les éclairs s'accompagnent d'une forte libération de chaleur qui entraîne une rapide expansion de l'air, à l'origine du bruit que nous appelons tonnerre.

PRODUCTION D'ÉCLAIRS

Ce qu'il te faut : un plateau en métal, un sac de plastique, de la Plastiline, un tournevis, un gant en caoutchouc et du scotch.

1 Scotche le plastique sur une surface plane.

2 Pose une boule de Plastiline sur le plateau. Enfile le gant et utilise la Plastiline comme manche pour déplacer et frotter le plateau sur le plastique pendant 2 mn.

3 Fais en sorte que la pièce soit obscure. Tiens de ta main gantée le tournevis et approche-le du plateau. Ne touche pas au plateau avec tes mains.

Résultat : Le plateau a constitué une charge électrique comme dans un nuage. Quand cette énergie se transmettra au tournevis, tu verras un petit éclair et tu entendras un crépitement.

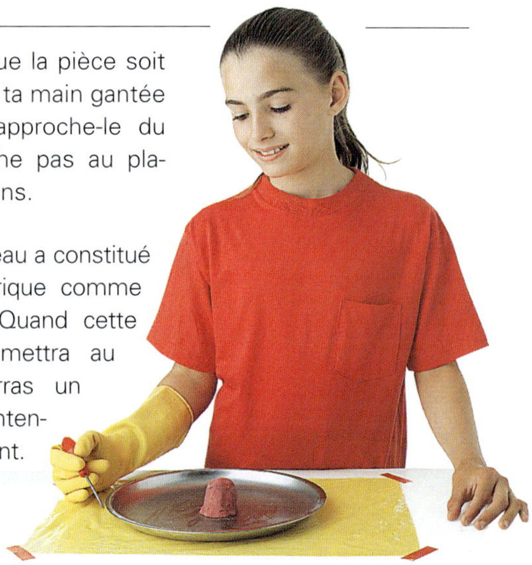

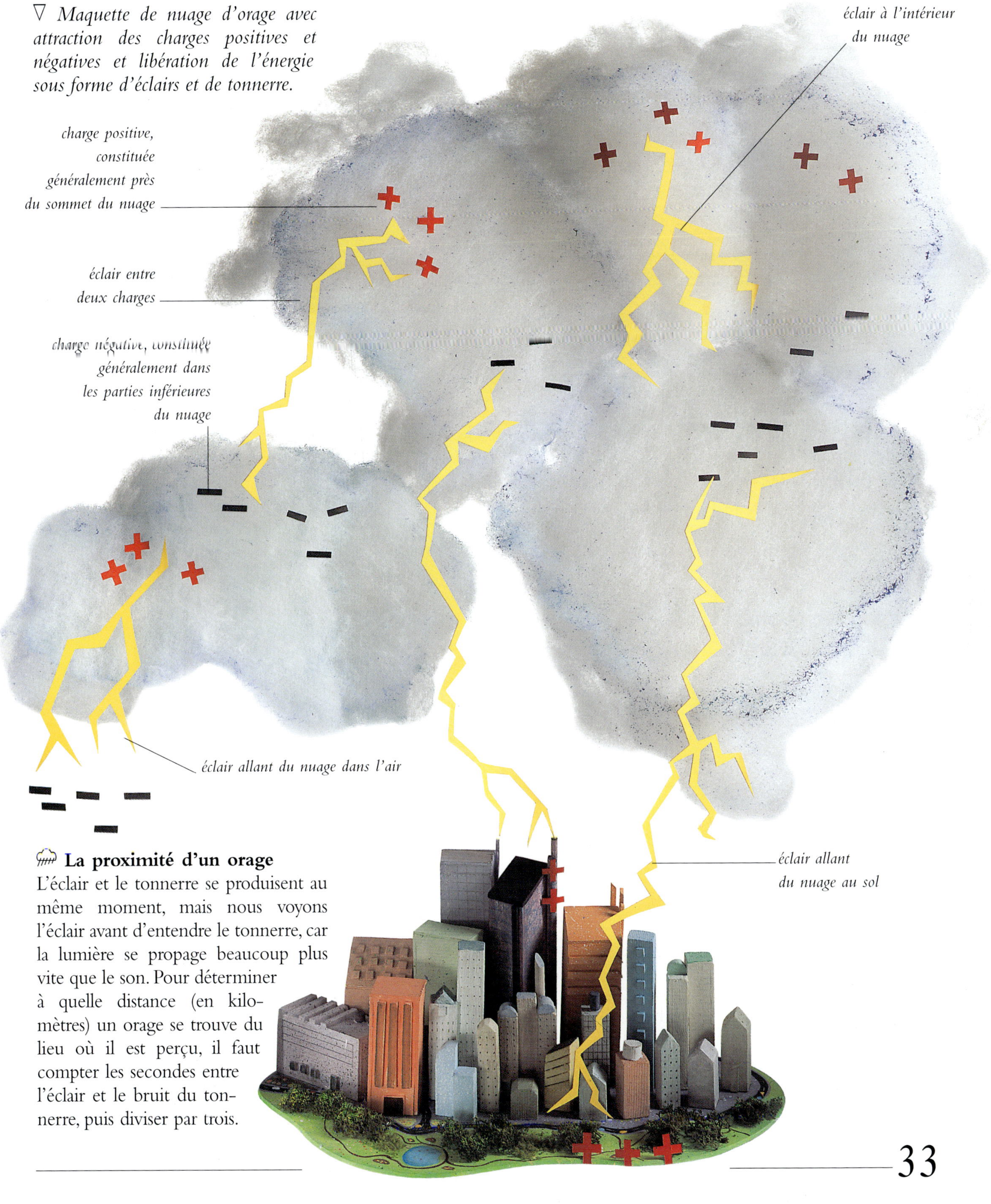

▽ *Maquette de nuage d'orage avec attraction des charges positives et négatives et libération de l'énergie sous forme d'éclairs et de tonnerre.*

La proximité d'un orage

L'éclair et le tonnerre se produisent au même moment, mais nous voyons l'éclair avant d'entendre le tonnerre, car la lumière se propage beaucoup plus vite que le son. Pour déterminer à quelle distance (en kilomètres) un orage se trouve du lieu où il est perçu, il faut compter les secondes entre l'éclair et le bruit du tonnerre, puis diviser par trois.

Tornades et cyclones

Les plus violentes perturbations atmosphériques sont les tornades et les cyclones tropicaux. Les tornades se produisent sur les continents alors que les cyclones, aussi appelés typhons, ouragans ou hurricanes, se forment au-dessus des mers tropicales. Une tornade est un nuage en entonnoir qui absorbe tout sur son passage. Un cyclone pleinement formé s'accompagne de vents tourbillonnants et de pluies torrentielles. Les cyclones sont bien plus étendus que les tornades. Alors que ces dernières ont un diamètre de 500 m environ, les cyclones peuvent faire 600 km de large.

△ *La vitesse des vents situés au centre de cette tornade, aux États-Unis, peut atteindre 600 km/h.*

Un mouvement tourbillonnaire

Le tourbillon creux qu'on peut observer quand de l'eau s'écoule par le trou d'un évier ou d'une baignoire se produit dans une tornade. C'est le vortex. Les tornades sont issues de la rencontre entre des courants froids et chauds et sont toujours accompagnées de vents très violents. Elles sont fréquentes dans le Middle West (centre des États-Unis).

Le passage d'une tornade

Les vents situés dans la partie supérieure du nuage de tornade impriment un mouvement de toupie à l'air et ils creusent un vortex. Plus les vents prennent de la vitesse, plus le nuage prend la forme d'un entonnoir. À la base du nuage, l'air est aspiré et finit par toucher le sol. Les tornades sont suffisamment puissantes pour soulever des animaux, des gens et même des trains.

CRÉATION D'UN VORTEX

Ce qu'il te faut : un pichet, 2 bouteilles en plastique, un manche en bois de 50 cm de long environ, un peu plus large que le col des bouteilles, une baguette pour remuer, de la colle forte, des ciseaux, de la Plastiline (pâte à modeler) et du ruban adhésif.

1 Colle du ruban adhésif sur le flanc d'une bouteille à environ 5 cm de la base. Découpe aux ciseaux la bouteille en suivant le bord inférieur du ruban adhésif.

2 Colle ensemble les cols des bouteilles. Recouvre ensuite de pâte à modeler pour assurer l'étanchéité.

3 Pose les deux bouteilles sur une table et tiens le manche en bois comme indiqué sur la photo. Avec le pichet, remplis d'eau la bouteille du haut.

4 Tourne la baguette dans l'eau de manière à donner un mouvement circulaire, puis retire le manche en bois et observe ce qui se passe.

Résultat : L'eau de la bouteille du haut tourne comme l'air dans une tornade.

L'évolution d'un cyclone tropical

1 Un cyclone se forme à la surface de l'océan.

2 Des nuages de grande ampleur commencent à constituer un tourbillon.

3 Un « œil » se forme. L'intensité du cyclone est maximale.

4 Le cyclone passe au-dessus des terres et meurt.

Le tourbillon cyclonique

Les cyclones tropicaux se forment au-dessus de l'océan, dans la zone des alizés. Dans un tourbillon cyclonique, des vents très violents entourent une zone calme de basse pression appelée « œil ». Quand le cyclone se déplace, de grandes quantités d'air humide sont aspirées dans l'œil. C'est dans la partie la plus proche de l'œil que les vents atteignent leur vitesse maximale et que les précipitations sont les plus fortes.

∇ *Cette maquette de cyclone tropical est vue en coupe pour qu'on puisse mieux observer le mouvement tourbillonnaire des vents.*

L'accélération du cyclone

Près de l'œil du cyclone, l'air monte en spirale et la vapeur d'eau se condense, donnant naissance à d'immenses cumulonimbus. La condensation produit de la chaleur, qui accélère la montée de l'air et augmente la vitesse des vents. Au contact de la terre, le cyclone n'est plus alimenté en humidité et s'affaiblit progressivement avant de disparaître.

Le suivi des cyclones

Les cyclones tropicaux ne se déplacent pas en ligne droite, mais suivent toujours à peu près les mêmes trajectoires. Ils peuvent être suivis par satellite de façon que les populations se trouvant sur la trajectoire d'un cyclone puissent être averties à temps du danger.

Station météorologique

De nombreux professionnels de l'agriculture, de la pêche et de la navigation aérienne ou maritime doivent savoir quel temps il fera. Les prévisions météorologiques permettent de connaître l'évolution probable du temps. Elles reposent sur des milliers de mesures de température, de précipitations et de pression atmosphérique. Grâce à ta propre station météorologique, tu pourras toi aussi faire des prévisions.

Le matériel

Tu peux utiliser les instruments que tu as déjà construits ou acheter dans le commerce un thermomètre et un baromètre, par exemple. Tu peux aussi faire l'acquisition d'un abri météorologique afin de protéger tes instruments des rayons du soleil et des intempéries.

L'abri météorologique

Un abri météorologique est une enceinte sur pieds, aux côtés ajourés pour maintenir l'ombre mais permettre la circulation d'air. Sa surface blanche réfléchissante préserve les instruments de la chaleur. Si tu ne disposes pas d'abri météorologique, tu peux placer tes instruments sur une table et les recouvrir d'un caisson de bois à volets munis de fentes.

▷ *Installe ton abri météorologique à l'extérieur, en évitant la proximité d'arbres ou de constructions.*

Le relevé des mesures

Pour tes prévisions météorologiques, tu devras effectuer les mesures à la même heure chaque jour, afin de pouvoir les comparer. Établis une feuille de relevés météorologiques sur le modèle de celle qui figure à la page suivante. Trace des colonnes. Il en faut une pour les jours où les relevés sont effectués et une par paramètre mesuré (par exemple : vitesse du vent, précipitations ou température).

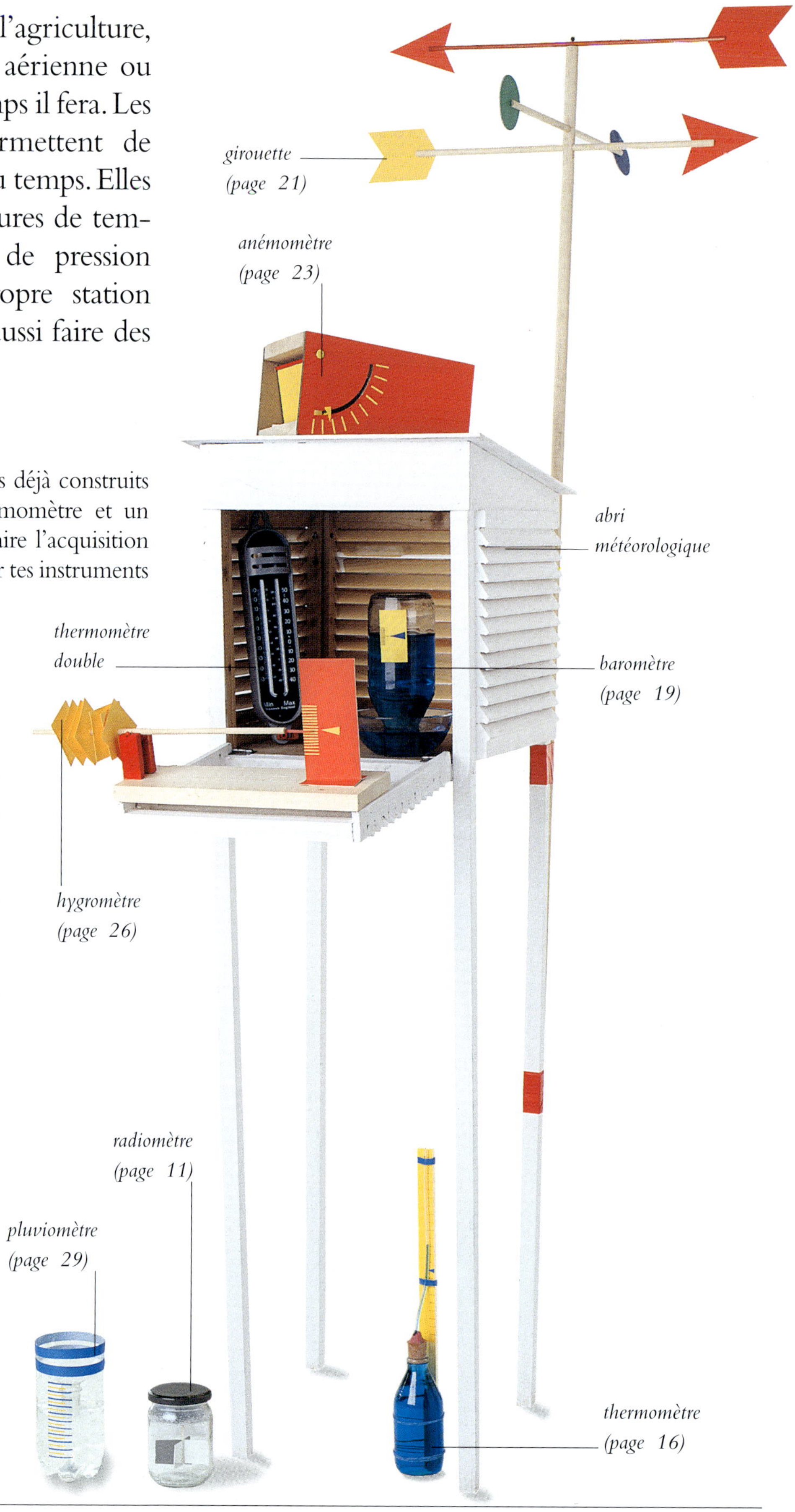

MESURE DE LA NÉBULOSITÉ

Ce qu'il te faut : un miroir, du ruban adhésif de couleur, un stylo et du papier.

1 Découpe de fines bandes d'adhésif et colle-les sur un miroir de manière à obtenir huit rectangles égaux, comme indiqué ici.

2 Pose le miroir sur le sol, à l'extérieur, et observe les nuages qui se reflètent dans le miroir.

3 La part du ciel couverte par des nuages se mesure en octas. Chaque octa correspond à un huitième de la voûte céleste. Si tu fais la somme des rectangles ou des portions de rectangles couverts par les nuages, tu obtiendras la nébulosité en octas.

▽ *Ces symboles indiquent les différents degrés de nébulosité :*

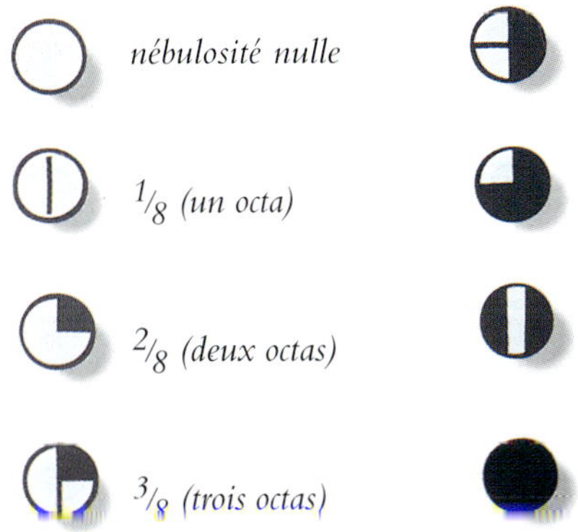

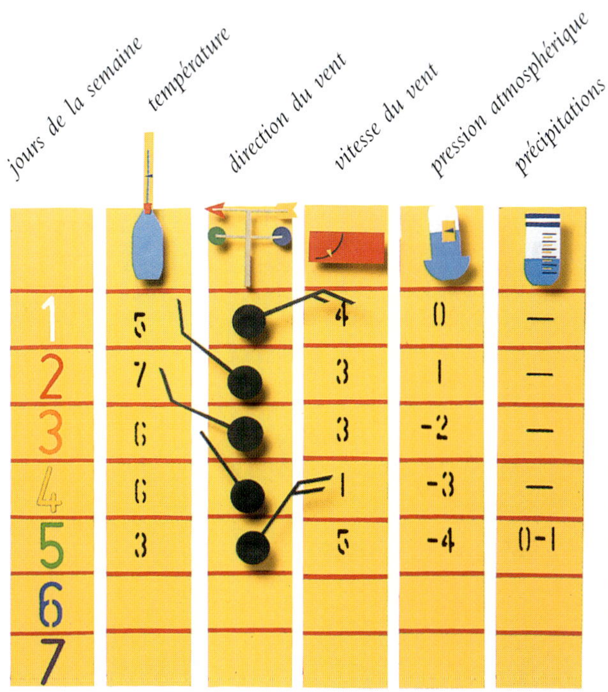

◁ *Cette feuille de relevés comporte les observations quotidiennes. Tu peux aussi ajouter des colonnes pour la nébulosité et l'hygrométrie.*

▷ *Utilise un carnet de notes pour consigner tes mesures.*

L'utilisation des observations

Au bout d'un certain temps, tu pourras commencer à utiliser tes observations pour faire des prévisions. Les variations barométriques sont particulièrement importantes. Quand la pression atmosphérique est basse, le temps va-t-il être sec ou humide ? D'où vient le vent, en général, près de ta station ? Lorsque la direction du vent change, est-ce que le temps change ? As-tu noté la présence de vents forts ou de vents modérés ?

Cartes météorologiques

Lorsque les météorologistes ont recueilli toutes les données dont ils ont besoin, ils les reportent sur des cartes synoptiques couvrant de larges zones continentales. Les prévisionnistes utilisent ces cartes pour apprécier les changements de temps et effectuer leurs prévisions. Les cartes synoptiques regroupent à certains endroits des symboles ; ce sont des cercles de station, qui indiquent les observations faites à chaque station météorologique.

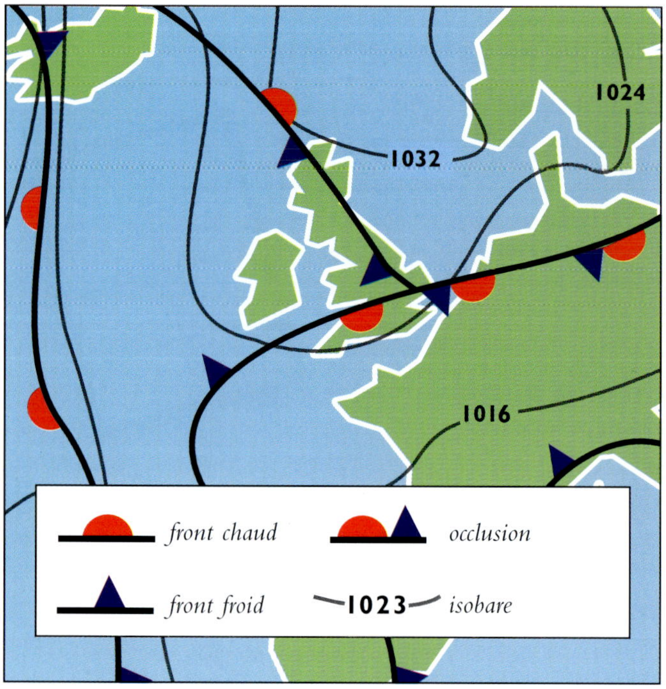

▷ *Cette carte synoptique (dite aussi « norvégienne ») nous renseigne sur les pressions et les fronts en Europe occidentale.*

Isobares et fronts

Sur une carte synoptique, des lignes appelées **isobares** relient tous les points d'égale pression atmosphérique. Les lignes hérissées de pointes et de bosses représentent les fronts. Un front froid est marqué par des pointes et un front chaud par des bosses. Un front occlus ou occlusion, c'est-à-dire la synthèse des deux fronts précédents, se signale par des pointes et des bosses juxtaposées.

Les autres cartes

Les cartes synoptiques ne sont pas les seules cartes météorologiques. Les présentateurs météo à la télévision utilisent des cartes plus simples comportant des symboles graphiques comme un soleil, des nuages ou des traits de pluie. Des contours de cartes sont parfois superposés à des photos satellite pour montrer la couverture nuageuse et le mouvement des vents.

Cercles de stations

Un cercle de station est un groupe de symboles indiquant les conditions météorologiques à une station donnée. L'exemple ci-contre te permettra de mieux comprendre comment ces informations sont données. Quand les cercles de stations sont indiqués sur une carte, le cercle de nébulosité se trouve à l'emplacement exact de la station météorologique.

▷ *Ce cercle de station indique les valeurs observées à une station météorologique.*

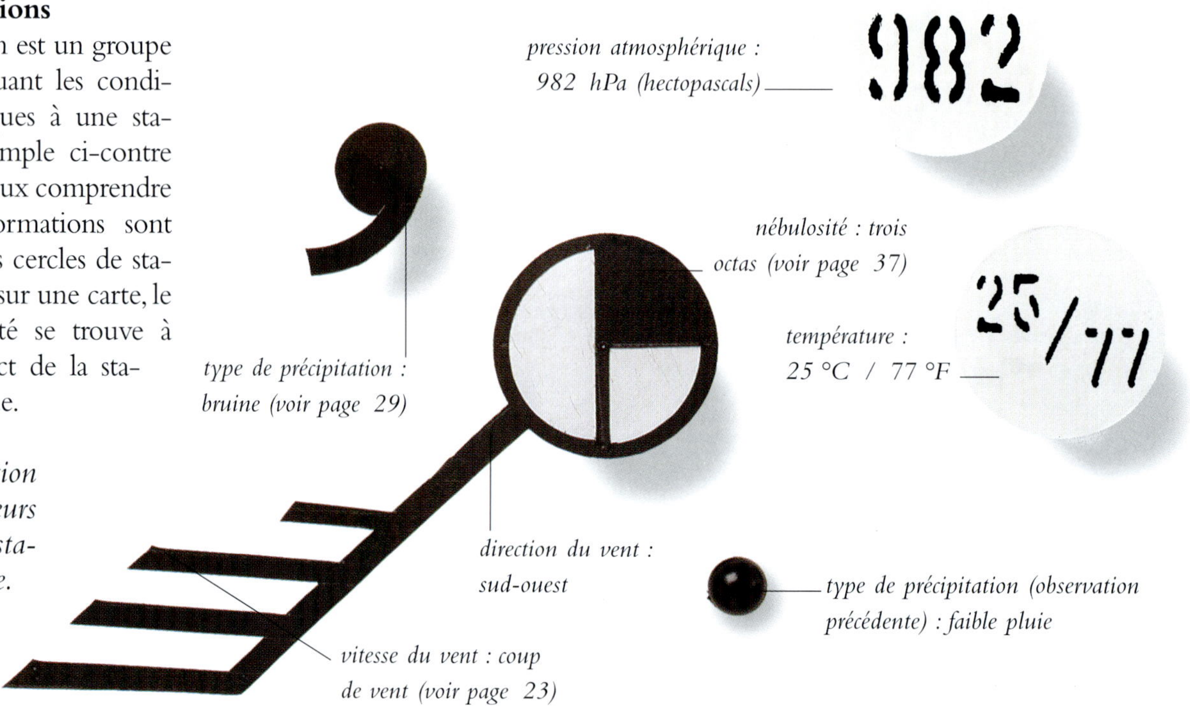

ÉTABLISSEMENT D'UNE CARTE MÉTÉOROLOGIQUE

Avant de commencer : Demande à trois amis habitant à quelques kilomètres de distance de chez toi d'installer une station météorologique près de chez eux. Les types d'instruments utilisés devront être les mêmes dans les trois stations. Les baromètres doivent avoir été construits au même endroit afin que le zéro ne varie pas. Aussi est-il préférable de se servir d'un baromètre acheté dans le commerce.

Ce qu'il te faut : une carte du lieu, du papier, des stylos et des épingles.

1 Utilise la carte de ta région pour reproduire les principaux détails topographiques comme les cours d'eau ou les localités sur le papier. Indique la position de chaque station météorologique sur ta carte.

2 Décide avec tes amis quel jour tu collecteras les données des différentes stations et quel jour et à quelle heure seront effectuées les mesures.

3 À l'aide de petits cercles de papier et d'épingles, fais figurer sur la carte les données collectées. Utilise les symboles expliqués à la page précédente.

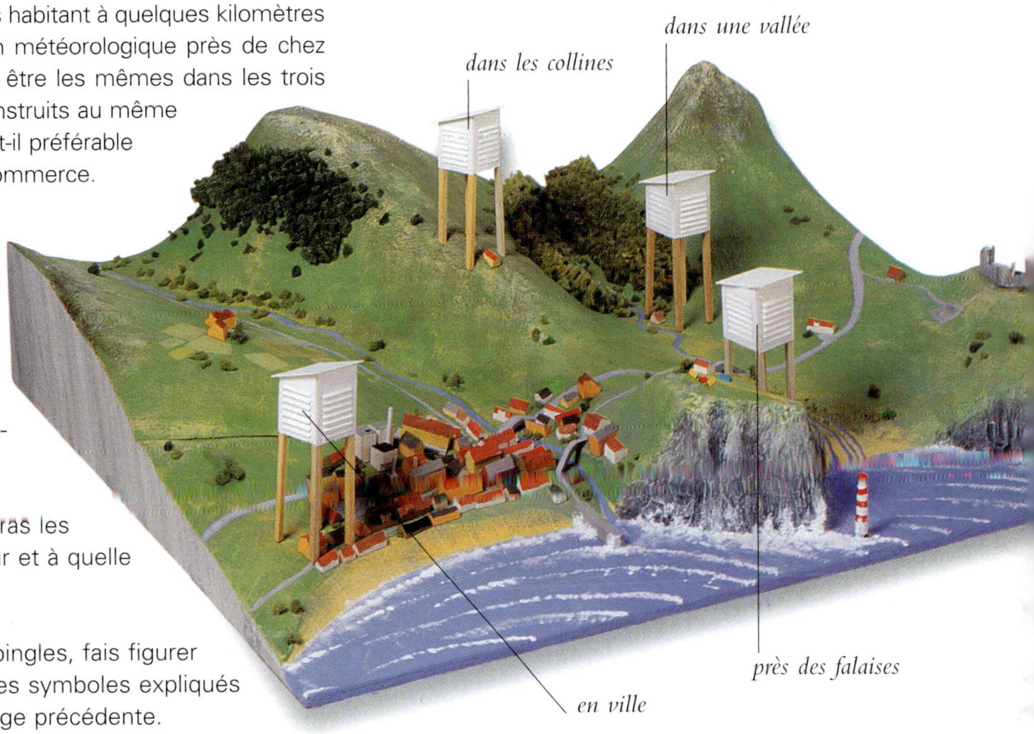

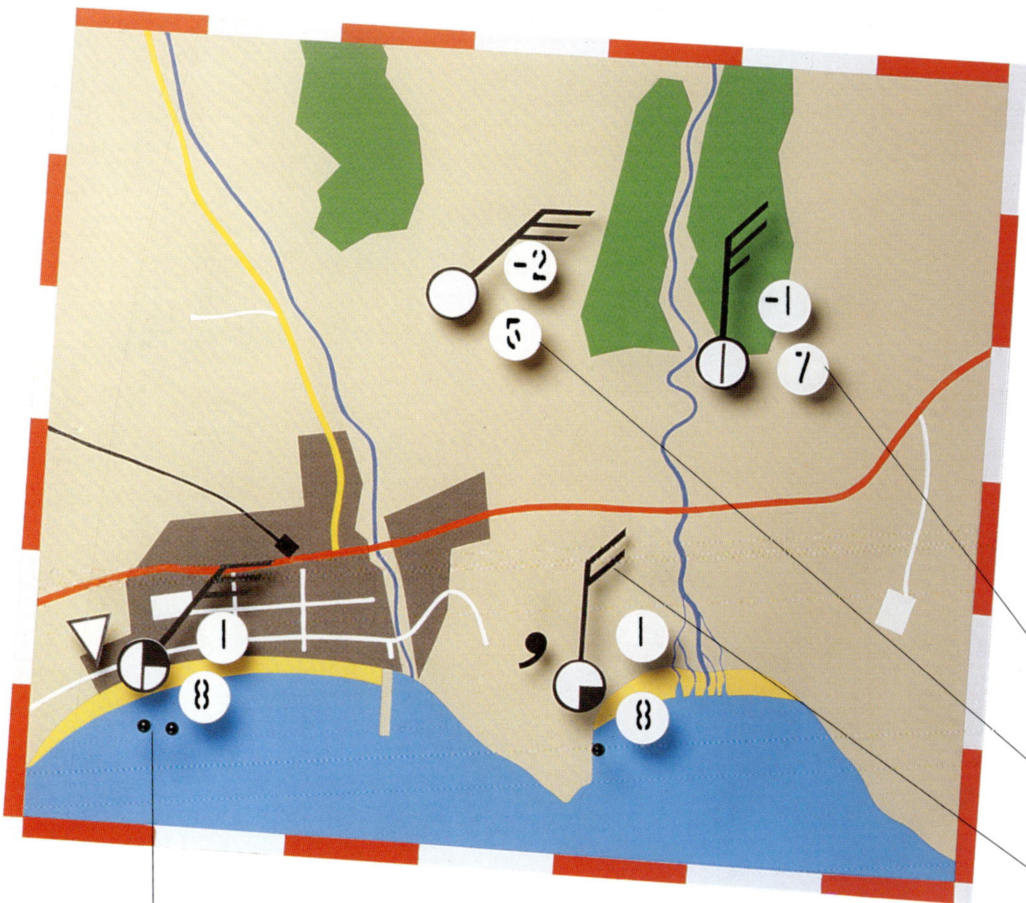

△ Cette maquette montre quatre stations météorologiques dont les mesures figurent sur la carte ci-contre.

◁ Cette carte montre quatre cercles de stations correspondant aux quatre stations de la maquette ci-dessus. Regarde les variations atmosphériques.

Prévisions météorologiques

Autrefois, les prévisions étaient empiriques et fondées sur l'observation des changements qui pouvaient se produire dans la nature, comme le comportement des végétaux et des animaux. Les pommes de pin, par exemple, s'ouvrent par temps sec pour laisser s'envoler leurs graines. Les cônes se ferment quand le temps est à la pluie. De nos jours, les météorologues collectent des données numériques précises provenant de stations d'observations situées en mer, sur terre, en l'air et dans l'espace.

La collecte des données

Il y a environ 10 000 stations synoptiques dans le monde, où des relevés sont effectués au moins toutes les trois heures. En mer, des navires et des bouées enregistrent des mesures qui sont transmises par satellite aux centres de prévision. En l'air, des avions et des ballons-sondes ou des radiosondes emportent des instruments permettant de mesurer, par exemple, la température, la vitesse du vent et la pression atmosphérique.

satellite

▽ *Cette maquette montre les principaux modes d'information en matière de prévision météorologique.*

station météorologique

radiosonde

avion

navire

△ *Cette image satellite montre un cyclone arrivé à la hauteur de la Floride (États-Unis) et se dirigeant vers le golfe du Mexique.*

Les satellites météorologiques

Les images par satellite fournissent des renseignements qui ne peuvent être obtenus sur Terre. Elles montrent la vitesse et la direction des nuages ou du vent. Les météorologistes utilisent deux types de satellites. Les satellites à défilement sont placés en orbite quasi polaire à environ 870 km de la Terre et observent toute la planète. Les satellites géostationnaires paraissent immobiles au-dessus d'un point du globe, à quelque 36 000 km de la Terre, dans l'espace. Ils ne collectent des données que sur une seule région.

La puissance de calcul

Toutes les observations concernant une zone donnée sont fournies à un ordinateur central ultra-puissant qui calcule l'évolution météorologique probable en un temps record, de l'ordre de 30 minutes. Il renouvelle cette opération plusieurs fois jusqu'à ce qu'il arrive à une prévision sur une semaine ou sur une dizaine de jours. Au cours de ses calculs, l'ordinateur utilise des données antérieures afin de prendre en compte les changements de temps habituels dans la zone.

△ *Les prévisionnistes utilisent des cartes météorologiques sur écran afin de faciliter l'identification des différents types de temps.*

L'informatique et l'expérience humaine

Quelle que soit la puissance des ordinateurs, c'est finalement les météorologistes qui effectuent les prévisions. Ils examinent les prévisions informatiques et les images satellite et font usage de leurs connaissances des conditions locales pour effectuer leur travail. Leurs prévisions sont présentées à la télévision, à la radio et dans la presse.

La fiabilité des prévisions

En dépit de l'aide apportée par les ordinateurs, des prévisions fiables ne peuvent être fournies qu'une semaine à l'avance environ. L'atmosphère étant en perpétuelle évolution sur l'ensemble du globe, un événement survenant dans une zone peut avoir des répercussions ailleurs. Les prévisions d'averses isolées ne sont guère possibles qu'une heure auparavant.

Temps, climat et relief

Le temps et le climat ont une action importante sur les formes du relief. Le vent, la pluie, la glace et la chaleur contribuent à fragmenter les roches. C'est la **météorisation.** Des fragments de roches altérées sont emportés par les cours d'eau, les **glaciers** et le vent. C'est l'**érosion.** Les roches subissent petit à petit une usure complète et forment des dépôts ailleurs.

▷ *Le vent et la pluie ont créé ces formes remarquables dans le désert.*

Inondations et glissements de terrain

Quand des pluies torrentielles s'abattent en très peu de temps sur une zone, le sol ne peut absorber l'eau dans un délai suffisant. L'eau ruisselle. Fleuves et rivières sortent de leur lit et provoquent des inondations. Celles-ci peuvent entraîner des éboulements, des coulées de boue ou des glissements de terrain importants. Sur une pente escarpée, un glissement de terrain peut engloutir des routes, des constructions ou des villages.

L'érosion dans les déserts

Certains déserts offrent de nombreux paysages façonnés par l'eau, du temps où le climat de la région était plus humide. Aujourd'hui, l'aridité, le vent, la chaleur et la composition de l'air altèrent le relief. Les vents emportent facilement des débris de roches météorisées, car peu de plantes ralentissent leur progression et maintiennent en place le sol, desséché et fragile.

Les pluies acides

Parfois, les pluies contiennent des produits chimiques nocifs pour les bâtiments ou les arbres. Ce sont des pluies acides. Elles résultent du mélange de fumées industrielles et de gaz d'échappement de véhicules avec l'eau contenue dans l'atmosphère. Cette eau polluée tombe sous forme de précipitations acides qui dégarnissent les arbres de leurs feuilles et provoquent la mort d'une partie de la forêt.

▷ *Cette maquette montre un glissement de terrain provoqué par de fortes pluies.*

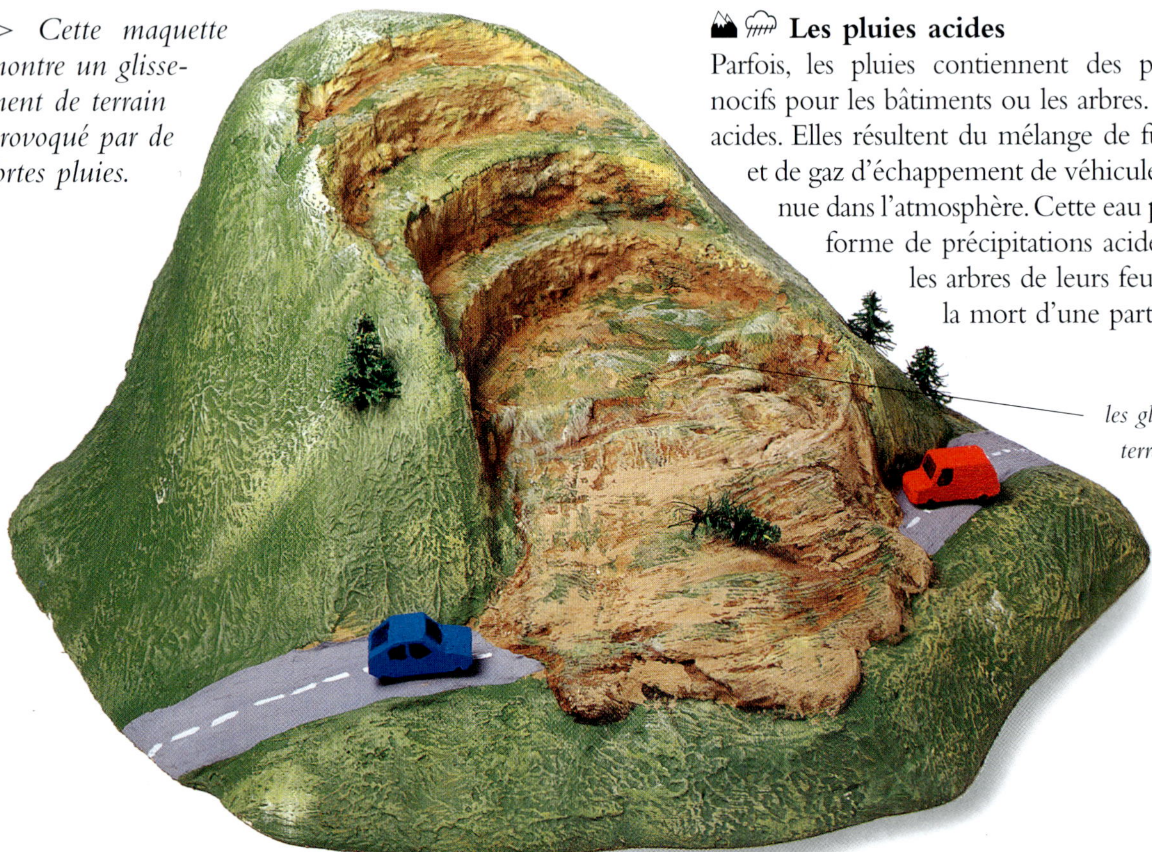

les glissements de terrains créent souvent de hauts gradins le long des pentes

L'action du gel

La Terre est plus chaude le jour que la nuit. Dans les zones froides et humides comme les montagnes des régions tempérées, l'eau s'infiltre dans les fissures des parois rocheuses et gèle la nuit. Comme la glace occupe un volume supérieur à celui de l'eau, les fissures progressent. Durant le jour, la glace fond, redevient de l'eau et ne gèlera de nouveau que si la température s'y prête. Des fragments de roche finissent par se détacher et former des éboulis au pied des escarpements rocheux.

▽ *Cette maquette représente un versant montagneux façonné par l'action alternée du gel et du dégel.*

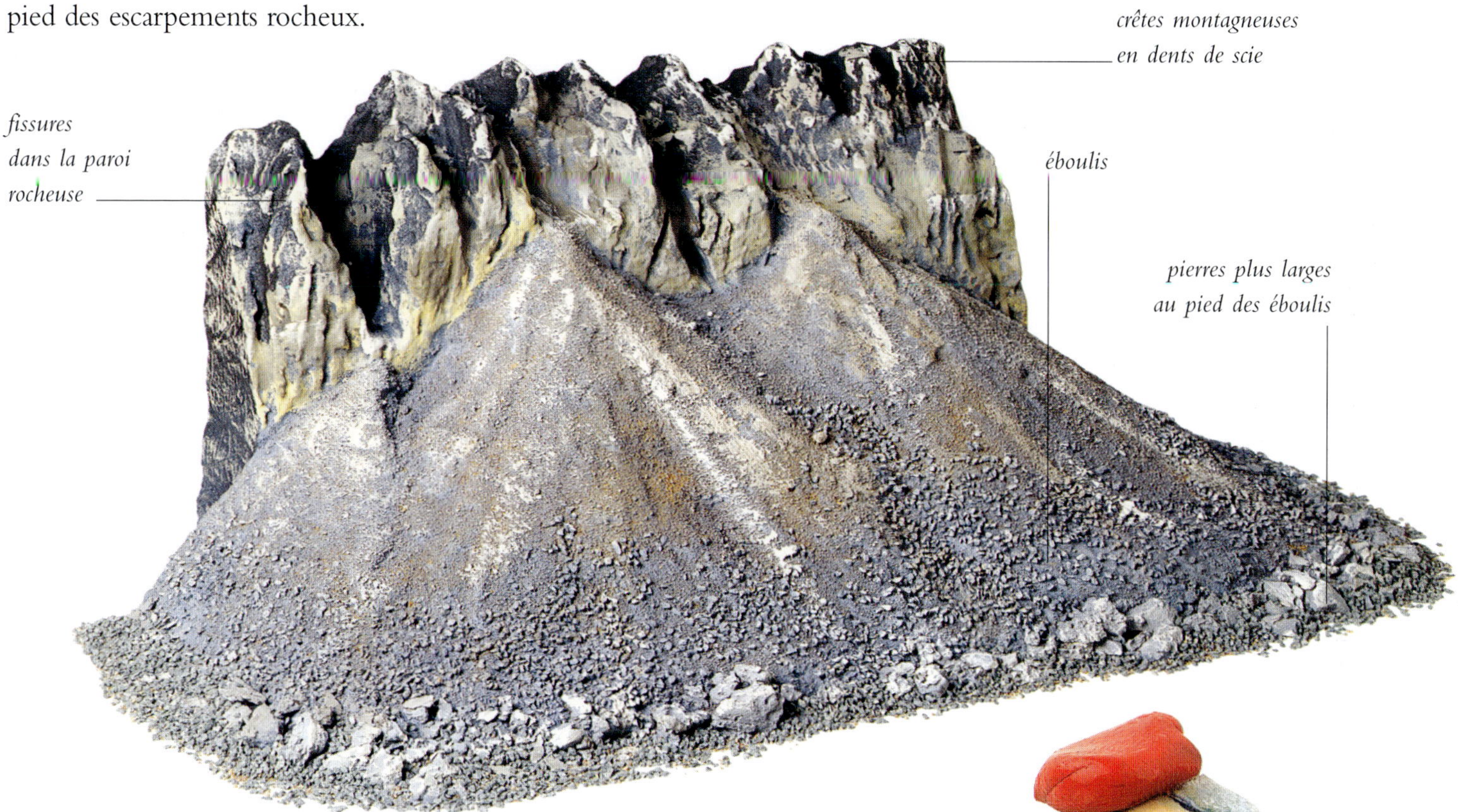

OBSERVATION DE L'ACTION DU GEL

Ce qu'il te faut : un œuf, un bol, une brochette en bois, de la Plastiline (pâte à modeler) et de l'eau colorée.

1 Brise l'extrémité supérieure de la coquille sur une table et pratique un trou de 1 cm en retirant quelques morceaux de coquille.

2 Pour vider l'œuf, crève le jaune à l'aide d'une brochette en bois et verse le contenu de l'œuf dans un bol.

3 Remplis l'œuf d'eau colorée. Bouche le trou avec un peu de pâte à modeler. Place l'œuf sur un coquetier dans le congélateur ou le compartiment congélation du réfrigérateur pendant 2 ou 3 heures.

Résultat : Le gel brise la coquille de l'œuf. Il en va de même pour les roches soumises à l'action alternée du gel et du dégel.

La modification des climats

Au cours des temps géologiques, différents climats se sont succédés sur notre planète. Nous n'avons plus guère de témoignages de ces changements climatiques, mais nous savons avec certitude que la Terre a connu un certain nombre de **glaciations,** dont la dernière s'est achevée il y a environ 10 000 ans. Aujourd'hui la Terre subit un réchauffement dû à la pollution atmosphérique causée par l'homme.

△ *L'examen des cernes de croissance des arbres permet d'étudier les climats très anciens. Des anneaux serrés indiquent une année de temps froid et sec. Des anneaux larges correspondent au contraire à un temps chaud et humide.*

Le passé

Nous disposons d'archives météorologiques pour les 150 dernières années environ. Pour les périodes plus anciennes, les géographes ont recours à des vestiges naturels tels que les **fossiles** et les cernes de croissance des arbres. L'examen des fossiles permet d'étudier le mode de vie d'animaux disparus il y a bien longtemps et de déterminer le type de climat dont ces animaux avaient besoin pour vivre.

L'explication des modifications climatiques

Les climats dépendent des mouvements de la Terre dans l'espace. Une modification de l'orbite de la Terre autour du Soleil peut entraîner un réchauffement ou un refroidissement de la planète. Les phénomènes naturels sur Terre affectent aussi notre climat. Parfois, les volcans rejettent des nuages de cendres qui empêchent l'énergie solaire d'atteindre la Terre et provoquent un refroidissement de certaines régions.

L'effet de serre

Les gaz naturellement présents dans l'atmosphère tels que le dioxyde de carbone et la vapeur d'eau, piègent la chaleur et la renvoient à la surface de la Terre. C'est ce qu'on appelle l'effet de serre, car les gaz se comportent comme les parois de verre d'une serre : elles laissent passer le rayonnement solaire, mais empêchent l'évacuation de la chaleur. Les véhicules à moteur, les usines et les feux de forêts libèrent la plus grande partie de ces gaz dans l'atmosphère. Cette modification du bilan thermique de l'atmosphère aura peut-être pour conséquence un réchauffement généralisé du climat.

▽ *Cette maquette montre les différentes manières dont l'homme pollue l'atmosphère avec des gaz à effet de serre.*

Le réchauffement de la Terre

Les températures dans l'ensemble du monde semblent augmenter d'un degré par an. C'est le réchauffement de la Terre. Si ce phénomène se poursuivait, le centre des espaces continentaux comme l'Amérique du Nord pourrait se désertifier au cours du XXIe siècle, rendant les récoltes plus difficiles. Un tel réchauffement provoquerait aussi l'expansion de l'eau, c'est-à-dire la montée du niveau moyen de la mer et l'engloutissement de zones côtières. Certains pays essaient donc de réduire leurs émissions polluantes pour ralentir ce réchauffement.

△ *Ces nuages de cendres émis par un volcan en Alaska masquent le Soleil pendant longtemps.*

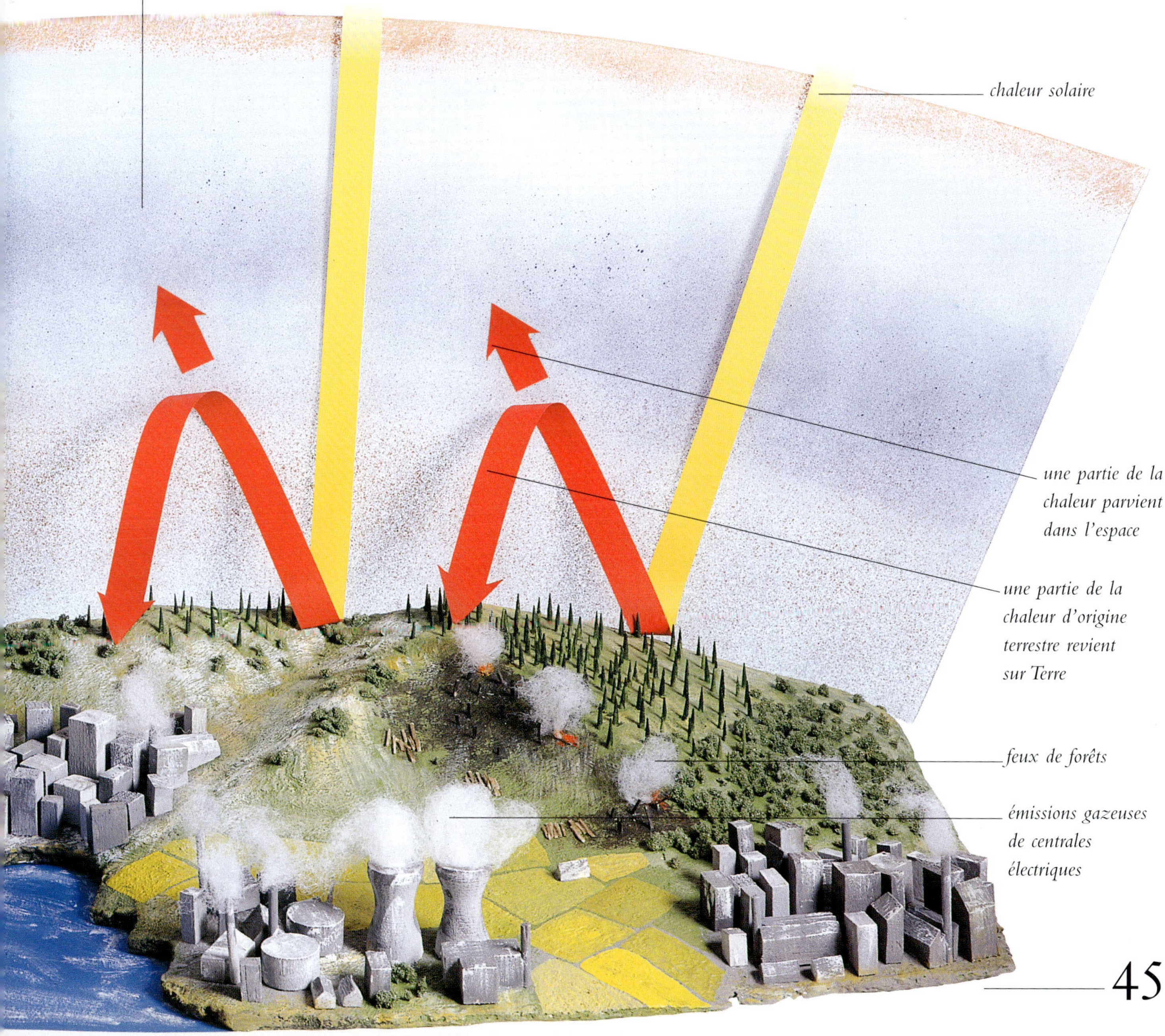

Glossaire

anémomètre Instrument qui permet de mesurer la vitesse du vent.

atmosphère Air enveloppant la Terre et composé principalement d'azote et d'oxygène.

baromètre Instrument servant à mesurer la pression atmosphérique.

climat Ensemble des conditions météorologiques caractérisant un lieu donné et semblable d'une année à l'autre.

climat équatorial Climat toujours chaud et humide des régions proches de l'équateur.

climat tempéré Climat doux et pluvieux, ni très chaud ni très froid, entre les zones polaires froides et les zones tropicales chaudes.

climat tropical Climat caractérisé par l'existence d'une saison sèche et d'une saison humide. Entre ce climat et le climat tempéré, on rencontre un climat aux températures intermédiaires, dit subtropical (Méditerranée, Chine orientale, par exemple).

condensation Processus par lequel un gaz devient liquide ou solide par refroidissement. La vapeur d'eau, par exemple, se transforme en eau en refroidissant.

continent L'une des six grandes étendues de terres émergées traditionnelles : l'Afrique, l'Asie, l'Antarctique, l'Australie (ou Océanie), l'Europe et l'Amérique.

cyclone tropical Violente tempête accompagnée de vents puissants et de fortes pluies tourbillonnant autour d'une zone de calme appelée « œil du cyclone ». Les cyclones tropicaux se forment au-dessus de l'océan, dans la zone intertropicale. Ils sont aussi appelés ouragans (Atlantique Nord, mer des Caraïbes) et typhons (Pacifique Ouest, mer de Chine).

énergie Pouvoir de provoquer les choses. Le Soleil fournit deux formes d'énergie : des rayons lumineux et de la chaleur.

équateur Ligne imaginaire à égale distance des pôles qui fait tout le tour de la Terre et divise le globe en deux hémisphères.

érosion Usure de la surface de la Terre sous l'action du vent, de la glace ou de l'eau.

évaporation Processus par lequel un liquide se transforme en gaz sous l'effet de la chaleur. L'eau se transforme en vapeur d'eau, par exemple, en chauffant.

force de Coriolis Phénomène causé par la rotation de la Terre et qui dévie, au niveau de l'équateur, les vents vers la droite dans l'hémisphère Nord et vers la gauche dans l'hémisphère Sud.

fossile Restes ou empreinte de plante ou d'animal ayant vécu il y a très longtemps et conservés dans le sol. L'étude des formes de vie du passé permet aux géographes de déterminer le climat qu'il faisait il y a des milliers ou des millions d'années.

front Limite entre deux masses d'air de température différente. Il existe trois types de fronts : chaud, froid et occlus, un mélange des deux précédents. Tous les fronts ont tendance à apporter de la pluie.

glaciation Période de climat très froid au cours de laquelle des glaciers couvrent de vastes étendues à la surface de la Terre. La dernière glaciation a pris fin il y a environ 10 000 ans.

glacier Grande masse de glace qui se forme en montagne par compression de la neige dans une auge et qui descend lentement le long de la pente.

hémisphère Moitié d'une sphère. L'équateur divise le globe terrestre en deux moitiés : l'hémisphère Nord (ou boréal) et l'hémisphère Sud (ou austral).

humidité Vapeur d'eau présente dans l'air.

isobare Sur une carte météorologique, ligne reliant tous les points d'égale pression atmosphérique.

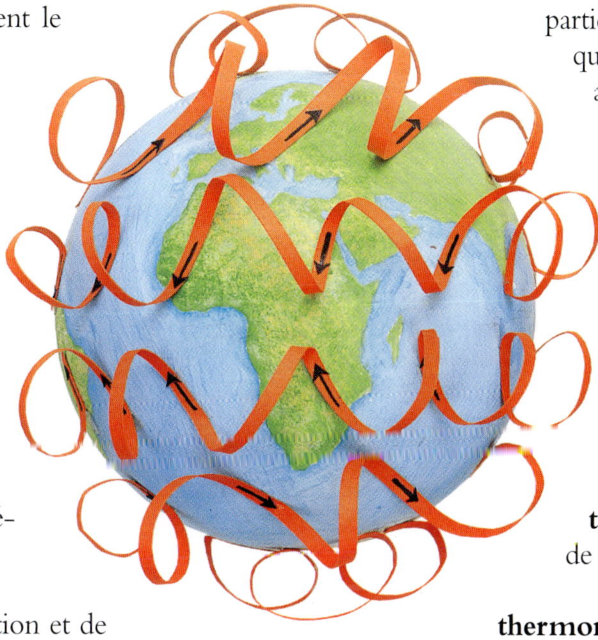

météorisation Processus d'altération et de fragmentation des roches par la chaleur, l'eau et la glace. Un phénomène comparable est produit par la végétation ou les produits chimiques.

météorologiste Encore appelé météorologue, c'est un géographe qui étudie les phénomènes atmosphériques et le temps qu'il fait. Le mot vient du grec *meteoron*, qui signifie « chose de l'air », c'est-à-dire un phénomène céleste.

mousson Au sens restreint du terme, vent qui apporte en été, dans l'hémisphère Nord, de l'air chaud et humide de la mer sur le continent et provoque la saison des pluies.

ozone Corps gazeux composé d'oxygène. La couche d'ozone de l'atmosphère absorbe la plupart des rayons nocifs du Soleil et les empêche d'atteindre la surface de la Terre.

pôles Points situés aux deux extrémités de la Terre. Le pôle Nord est dans l'Arctique et le pôle Sud sur le continent antarctique. Le climat polaire est très froid et reste sec toute l'année.

précipitation Eau tombant des nuages sur le sol, sous forme de pluie, de neige ou de grêle en fonction de la température.

saison Partie de l'année caractérisée par des conditions météorologiques et climatiques particulières. Certaines latitudes ont quatre saisons (printemps, été, automne, hiver). D'autres latitudes connaissent une saison sèche et une saison des pluies. Les saisons sont dues à l'angle que fait la Terre par rapport au Soleil.

satellite Engin spatial gravitant autour de la Terre. Les images et mesures prises à partir des satellites aident les météorologistes à prévoir le temps.

température Degré de chaleur ou de froid.

thermomètre Instrument servant à mesurer la température, soit en degrés Celsius (°C) soit, dans les pays anglo-saxons, en degrés Fahrenheit (°F).

tornade Violente perturbation atmosphérique tourbillonnante formant une colonne entre un cumulonimbus et le sol.

troposphère Couche la plus basse de l'atmosphère et dans laquelle se manifestent tous les phénomènes météorologiques.

vapeur d'eau Eau à l'état gazeux dans l'atmosphère.

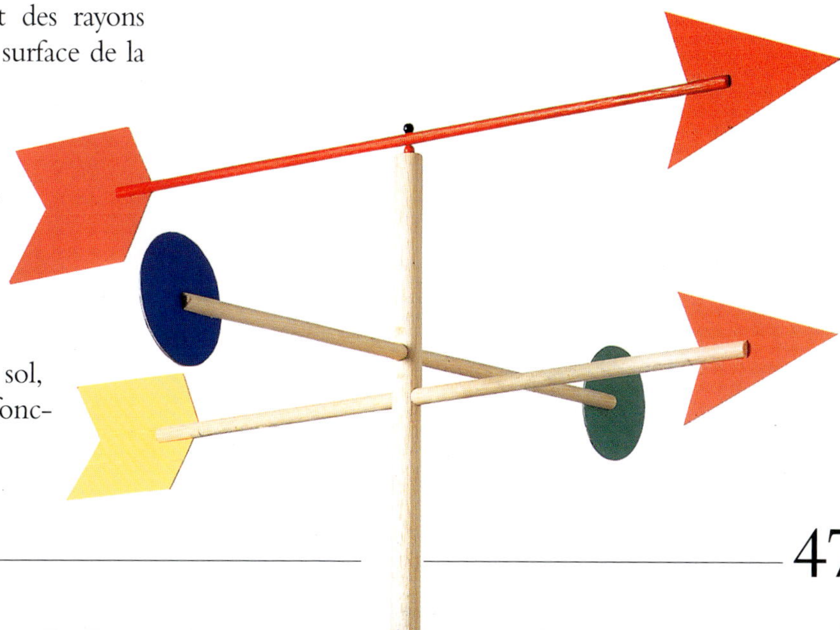

Index